すべての宗派のお経が読める

必携 お経読本

九仏庵方丈
著・監修

彩図社

はじめに

私達は、近親者や知人の不幸に遇って『葬儀』に参列することがしばしばあります。

極めて近しい者の不幸に逢えば、身も心も深い悲しみに打ちひしがれて、目の前は真っ暗になり、何を考えているのか、何をしようとしているのかも分からなくなるものであります。

しかし、それ程近しい人でなく、また交際もさほど深くなかった人の場合には、たとえそれが親類縁者であっても、悲しみは間もなく和らぎ、その人との在りし日の交遊・交際等を客観的にしみじみと考えてみる余裕のあることもあります。そんな時には『死』という「生きとし生けるものが必ず経験しなければならない運命」を真剣に考えてみることもあります。

このような『葬儀』に参列するとき、私は導師の今唱和しておられるのは何という「お経」で、どんな意味をもっているのだろうと、何時も考えて来ました。――大抵の「法要」は短くても一時間くらいは充分かかります。ときには二時間も三時間もかかることもあります。その間、故人との関係を想い出したり「死の運命」に思いを致しても、考える材料が枯渇してしまうことが多いものです。そんな時、私はこの故人の「家」の宗派は何であったか、導師は主として「何経」を読まれるのかを、予め調べておくべきだったと後悔するのが何時ものことでした。

聞いて置けば、例えばその「家」の宗派が『浄土宗系』ならば『浄土三部経』の中の『阿弥陀経』の「和訳本」などを探して持参すればよいわけです。『日蓮宗系』ならば『法華経』を、『その他の宗系』なら『般若心経』をといった具合に、凡そ勤行されるであろう「お経」の解説書を準備して行けば、ながい法要の時間も有意義に過ごせるのではないかと考えたのです。

しかし、これもよく考えると不充分であることが分かります。『般若心経』

は短くて、手頃な翻訳文が沢山出版されていますが、『浄土三部経』や『法華経』は小型の「岩波文庫」でも、それぞれ数冊に及んでいます。これらを持参しても、導師の読経中に何処を開けば導師の唱名に和していけるのかを探すのが難しい。けれども、導師の読経と完全に一致して唱和することが出来なくても、今どんな内容のことを導師が読唱しておられるか、或いはもう一歩進んでこの宗派の根本義はどの辺にあるのかを知るだけでも大変興味のあることと思えるのです。

そこで、各宗派の教義のエッセンスである『お経』を簡明に翻訳し、それを一本に纏めたような書物はないかと、いろいろ探してみましたが、結局手頃なものは見つかりませんでした。しかも私の欲しいのは大部のものでなく、いつでもポケットに入る「文庫判」くらいのハンディなものです。つまり、『葬儀』に参列するとき持参して、その宗派が何宗であるかが判れば、その宗派のページを開けばメインの『お経』の解説が出てくるといった便利なものなのです。

こんな安直なものは中々見つかる筈がありません。けれども長い『葬儀』に列する度に、そんな本があればなぁ、と今更のように思い出しながら今日に到ったと言う訳であります。

私はいま七十七才の喜寿を迎えました。――以上のようなニーズを考えたのは四、五十才の壮年の頃だったと思うので、それから三十年位経っている勘定になります。その間、仏教のことを特に勉強したことはありませんでした。が、折りにふれ仏教の書物に触れたり、寺社に参詣したりしている内に、何となく『葬儀』の時だけでなく平素でも『仏教』について考えてみる機会が多くなるようになりました。

そこで多年の懸案である、お経の「ミニ解説本」を自分で纏めてみたらどうだろうという、とんでもない気持になって参りました。自分で纏めてみるのが直ちに勉強にも繋がることでもあり、上手くいけば他人様にも重宝がって頂けるようなものが出来るかも知れないと、僭越にもそう考えたのであります。

実のところ、私は五十才になる前に仙台に勤務していたことがありまして、そのころ『東奥日報』の或る記者の方に、時々お目にかかることがありました。

氏はお寺さんの出身であるらしく、仏教のことに詳しかったので、色々お話を聞いているうち、私もつい図に乗って私の感じている以上のような「手引書」の必要性について話したことがありました。氏も同感を示されて、いずれ共著を物しましょうと冗談を言い合ったこともあったのです。

実は、私が多少なりとも『仏教』に興味を覚えたのは、高等学校の頃に当時流行の『西田哲学』に触れたのが、きっかけになっているのではないかと思います。勿論西田博士が直接仏教について所見を述べておられるのに接した訳ではありませんが、先生が座禅を打ちながら思索を練られたことを知って、仏教に関心を抱き始めたということでしょう。また、西田博士の一番弟子といわれた高山岩男先生に直接講義を聞いたのも何かの影響があったに違いありません(ただし、講義は全く宗教に触れたものではありませんでした)。

その後、私は『仏教』はおろか「宗教」とは縁の薄い「法律・経済」の勉強の方へ進みましたので、「哲学」を専攻した親友とも次第に疎遠になるような有り様でした。

しかし今、私は現在のような激動期に世の中の動きを知ったり、将来のことを考えるには、迂遠のようだが「歴史」や「哲学」を学ぶことが必要だと思い直しています。特に『時代』の「パラダイム」が替わろうとする今のような過渡期には、歴史哲学の洞察や宗教の重みを知ることが肝要であると思います。

私は、キリスト教やユダヤ教、イスラム教などの「一神教」は、究極は他の神を容認しないものではないかと思います。従って、これらの神々を信ずる人達は、自分等の信ずる「唯一神」のみしか世界を救うことは出来ないと考えているのではないでしょうか。

そこへいくと『仏教』は融通無碍です。「私」と「他」とを必ずしも対立者として捉えない。「私」を空しうして「他者」に帰一し、或いは一体化しようとする。「他」を生かして「我」も生きる『無私』とか『共存』の思想を内にもっているのではないか。根本的に「一神教」とは対称的な位置にある宗教ではないかと思います。——西欧人の中には、そんな仏教のような『思想』がこの世に有ることすら知らない人が多いのではないでしょうか。

『仏教』は「キリスト教」などの戒律遵守という神との契約の代償として、神の安堵を頂く「一神教」とは違うところの、人類の生んだ「もう一つのタイプの宗教」なのだと思います。未だ西欧文明は、この宗教をまともに取り上げ、血肉の糧にしようとしたことはありません。――これは誠に残念なことです。

例えば、今イスラエルの地ではユダヤ教とイスラム教の一神教同士が、まさに死闘を繰り返しています。このカナンの地は数次の十字軍以来のシオニズム悲願の地ですが、前世紀中葉に至りイギリス委任統治の解放によって、ようやくユダヤ人の手に入ったものです。

その後更に数回の中東戦争のユダヤ側勝利によって、このイスラエルの地はユダヤ側の確保を強固にするはずでありました。が、実際はそのようにはなっておりません。今は増々ユダヤ教とイスラム教の対立抗争は深刻さを加えるばかりです。

ところが実は、住民の心情はそうではない。両民族が隣り合って日常生活を営んでいる地域では、お互いに仲よく一緒に生活できると、双方とも心情をもらしているそうです。このような実情は、人種のルツボと言われているバルカン半島諸国のトラブルについても同じことが言えるようです。庶民は本来闘争を好まないのです。闘争の付けは、結局自分たち庶民に返ってくることをよく知っているのです。スラブやトルコ、ラテン系人やゲルマン系人の間で宗教儀式が異なっても、日常の生活様式が違っても、そんなことはお互いに容認できると言っているのです。

しかし、それが国際政治の介入を受けたり、主権に縛られた国家行為に変質させられると、容易に妥協を許さなくなります。武力を背景にした米国や国連の仲裁が双方の納得を得るものになるには無限に近い時間を要するものと考えねばならぬでしょう。世界史にまだ登場していない『仏教思想』の役割が今こそ待望されているのではないでしょうか。一つの神にこだわらない融通無碍の思想が今こそ人類に渇望されていると言えるのではないかと思います。

私はこのように仏教に期待しているのですが、再三述べますように、私は『仏教』については専門的に研究したことがなく、「行」は学生の頃、参禅したことがただ一度あるだけの全くの「素人」であります。

従って、この本を書くに当たっては、多くの『仏教』に関する著述を参考にさせて頂きました。その著述は巻末に『参考文献』として掲載いたしました。何れにしても、多くの皆様の御研究を読ませて頂き、かつ利用させて頂かなければ、私のこの試みは成立しなかったことは明らかで、この点先達の諸先輩・諸先生に厚く御礼を申し上げる次第であります。

九仏庵方丈　識

【すべての宗派のお経が読める　必携お経読本　目次】

序章　仏教とお経の成立

仏陀《ぶっだ》（釈迦牟尼《しゃかむに》）は、紀元前四六三年〜三八三年頃（一説には前五六六年〜四八六年頃、又は前六二四年〜五四四年頃とも言う）の人で、カビラ国（今のネパールの南辺からインド国境付近にある盆地を中心とする国）の皇太子として生まれた。父は浄飯王《ジョーバン》、母は摩耶《マヤ》夫人。その長子である。母は釈迦の生後間もなく亡くなり、その妹の叔母に養育された。十六才のとき妃を迎え、一子を儲けた。

何不自由のない暮らしであったが、この世の「生老病死」を見聞きして、深く人生の問題に悩み、ついに二十九才（一説には十九才）のとき出家した。既存の宗教である「バラモン」に帰依《きえ》せず、聖仙について禅定に入り、すぐに或る覚りを体得したが、これには満足できなかった。

そこで更に山奥の山林に籠もって修行を続けた。食事も摂らず難行苦行し、ついに肋骨がみえるまでになったけれども「悟り」は得られなかった。釈迦はこの六年間の苦行が無意味であることを知って、これを止め、沐浴後「乳粥」を飲んで体力を恢復した。その後、ブッダガヤの菩提樹の下で沈思瞑想し、ついに三十五才で大悟したという。

やがて、ハラナ国の郊外にある「鹿野苑《ろくやおん》」に行き、ここでかつて一緒に修行した五人の修行者を教化して弟子とし、初期教団が成立した。その後、マガダ国で尊敬されていた迦葉《カショウ》三兄弟を弟子にし、当時既に懐疑論者として名を知られていた舎利弗《シャーリープトラ》と目犍連《マウドガリヤーヤナ》たちの集団参加によって、教団は世間に一躍知れ渡った。マガダ国王の帰依と援助も受けて、その基礎は一層強化された。

教団は、インドの階級制度を否定し、女性の入門をも認めた。出家以外の「在家信者」には、仏・法・僧の三宝に帰依し、五戒（不殺生・不偸盗・不邪淫・不妄語・不飲酒）を遵守することを基本に置いた。

教団は釈迦を中心として毎年、雨期には一ケ所に留まり、反省と禅定を行った。その他のときは、常に遍歴と教化に従事した。が、教化が常に安泰であった訳ではない。釈迦は信頼した高弟の舎利弗や目犍連を病で先に失い、従弟の提婆達多《デーヴァダッタ》の離反などの悲しい目にも遇っている。やがて北へ向かって最後の旅に出、クシナガラにおいて八十才で入滅した。実に四十五年に亘る長い教化と修行の旅であった。

娑羅双樹《さらそうじゅ》の下で、最後の教えを説いて入滅し、やがて荼毘《たび》に付された。その後、遺骨が八分された伝説が各地に流れている。

教団の高弟たちは、嘆き悲しむと共に、釈迦の教えを長く、広く伝えるために、教典の編纂を、直ちに相談しあった。釈迦の十大弟子と称される人達のなかでも、特に頭陀第一と言われた摩訶迦葉《マカカショウ》が、教団の上首として五百人の最高の修行僧達を集め、三蔵（経・律・論）の経典の編集を始めたと言われている。

当時はこの教えは、直ちに文章にされることはなかった。「口伝」によって伝え、広められたから、この釈迦の教えは「詩」の形態と音韻を持って伝えられることとなった。その方がリズミカルで憶えやすく、伝えやすいからである。その後四、五百年経って、西暦一、二世紀頃から始まった中国語への翻訳経文が、主として四言や五言の絶句を連ねたような文体をもっているのも、その影響だと思われる。

釈迦は生前、大群衆を集めて説法を行うことが屡《しばしば》あったが、少数の「在家信者」や「出家修行者」にも随時教えを垂れている。特に「在家」に対しては、その階級、教養の程度に応じて判り易く話しかけた。従って釈迦の説諭には『比喩』や日常ありきたりの『俗話』の例が多い。これらが全て網羅されている『大蔵経《だいぞうきょう》』（一切経《いっさいきょう》）は膨大な質・量に達している。

今述べたように、中国の経典の輸入及びその翻訳は一、二世紀に始まるが、四世紀後半の人「鳩摩羅什《くまらじゅう》」や七世紀の「玄奘《げんじょう》」の功績は顕著である。

日本への仏教の渡来は、周知のように、六世紀中葉「欽明朝」に百済から金銅仏・経文が朝廷に贈られたのを初めとし、聖徳太子が三宝を敬い、『法華義《ぎ》疏《しょ》』を著したことは有名である。

以来、日本の仏教受け入れは専ら中国を中継的原点としてなされて来たものである。明治以降は直接インド原典を、サンスクリット語やパーリ語の大蔵経から汲もうとする動きもあったし、今でもこの貴重な努力は続けられている。

けれども、これらの原典自体が中国経由の翻訳経典と比べて、釈迦の垂訓にどれだけ近いかの証明が困難なこともあって、我々は殆ど漢文翻訳に頼って『仏教』を理解しているのが実情である。又、釈迦の教義に如何に忠実かの議論も大切であるが、中国経由の仏教文化の吸収は、日本に取っては厳粛な「歴史的事実」なのである。日本仏教は、百済の仏教・仏師の先達や「鑑真《がんじん》」のような熱心な伝導者たちの御陰で、次第にこの国に定着していったが、日本の仏教として隆盛を見たのは、自ら求めて中国に渡った数々の先覚者達、例えば「最澄《さいちょう》」や「空海《くうかい》」、「栄西《えいさい》」や「道元《どうげん》」等に負うところが多い。また、これを民衆の根底にまで浸透させる努力を惜しまなかった「親鸞《しんらん》」や「日蓮《にちれん》」の功績も忘れてはならない。

この「輸入文化」を大衆が咀嚼した力によって、またその力相応に、日本文化に融け込んでいるのが『日本仏教』の実体である。日本文化の『仏教』理解そのものが、まぎれもなく日本の『仏教文化』なのだと言えるのである。

日本の『一切経《いっさいきょう》』は、中国の翻訳家、朱子行・法顕・羅什・真諦・玄奘・義浄等の努力の成果に負うところが大きい。と言うより、日本にある『大蔵経《だいぞうきょう》』

は皆、日本で筆写されたか否かは別として、内容は中国で纏《まと》められた『大蔵経』そのものである。完全な日本語訳の『一切経』と言うものは存在していないのである。

私はこのなかで一番通用していると思われる中国翻訳を利用させて頂いた。例えば、浄土宗系では羅什訳の『阿弥陀経《あみだきょう》』を、法華宗系でも同じく羅什訳の『法華経《ほけきょう》』を、『般若心経《はんにゃしんきょう》』は玄奘訳をという風に、この本に採用させて貰った。

この中国語翻訳の諸経典の日本語翻訳も、現在権威あると認められているものを使わせて頂いた。——詳細の説明は「おわりに」に譲る。

なお、本書には各宗派の代表的な「教典」を掲げたが、実際の法要や勤行では、この他に、その宗派の「垂訓《すいくん》」「頌偈《じゅげ》」や各種の「供養文」「回向文《えこうもん》」などが唱和されることが多い。——例えば、真宗では、親鸞上人の『浄土和讃』、曹洞宗では道元禅師の『正法眼蔵《しょうほうげんぞう》』に基づく『修証義《しょうしょうぎ》』など。しかし、これらは概ね日本語で説かれているので、よく耳を澄まして聴けば、大意は理解できると思う。——お寺さんによっては、法要の前にこれから勤行される経文などを纏めた「勤行要典」といった本を貸与してくださる場合もある。

第一章　浄土宗系、浄土真宗系

比叡山《ひえいざん》開祖の伝教大師《でんきょうだいし》「最澄《さいちょう》」は日本『天台宗《てんだいしゅう》』の創始者として知られる。

この比叡大学から、幾多の学派・宗派が派生したが、その内の大きな枝が、「法然《ほうねん》」の開いた『浄土宗《じょうどしゅう》』と、これを更に大衆化した「親鸞《しんらん》」の『浄土《じょうど》真宗《しんしゅう》』である。これらが今でも日本で一番多くの信徒を擁する宗派となっている。――その外、『臨済禅《りんざいぜん》』の「栄西《えいさい》」も『曹洞禅《そうとうぜん》』の「道元《どうげん》」も『法華宗《ほっけしゅう》』の「日蓮《にちれん》」も、一度はこの比叡大学で学んだことがあるのである。

九世紀前半には円仁が中国五台山から念仏三昧法を比叡山に伝え、その後、『九品往生義』を著した良源や『往生要集』を著した源信によって、天台浄土教が発展していった。

「法然」はもと『天台宗』の学僧であったが、既成の仏教が権力争いに明け暮れて、衆生済度の本分を忘れているのに失望して叡山を下った。主として京都東山の麓の「知恩院《ちおんいん》」を中心として『阿弥陀仏《あみだぶつ》』信仰を布教した。

その後「法然」の弟子の「親鸞」が、更に教義を大衆に分かり易く「信仰心さえあれば誰でも極楽浄土に往生できる」と説いて信者を増やした。周知のように「肉食妻帯」を自ら敢行したのも彼である。彼は『真宗』として『浄土宗』より分離独立し、別派を創立しようとする意図は特にもたなかったが、後にその弟子達が別派『浄土真宗』を作り、その開祖として彼を崇め、現在も「東本願寺派」「西本願寺派」や「高田派」などの開祖として多くの信徒を集めている。

親鸞の子孫にあたる本願寺派は、当初、弱小教団であったが、本願寺第八世蓮如の時代に信徒を増やして強大な教団となった。その後、室町後半から戦国時代には、大坂の石山本願寺を拠点とする一大勢力であった。

その他、この『浄土宗系』には「良忍《りょうにん》」の開いた『融通念仏宗《ゆうづうねんぶつしゅう》』、「一遍《いっぺん》」上人の開いた『時宗《じしゅう》』などがある。

これらの『浄土宗系』の宗派は、何れも「阿弥陀仏」に帰依《きえ》して「極楽浄土《ごくらくじょうど》」に安住することを祈願している。現世の利益よりも寧《むし》ろ来世、つまり「死後の世界」に希望を繋《つな》いだ宗教と言えるだろう。

※本書の寺院数、信徒数は「宗教年鑑 平成15年度版」文化庁編を参考にした（伝統的宗派のみ）。

〔浄土宗系、浄土真宗系の信徒、寺院等〕

『浄土宗』

信徒数　六、四七二、一六九
寺院数　八、一一四
本山　知恩院（京都市東山区）
名刹　増上寺（東京都港区）
善光寺（大本願）（長野市）
浄真寺（通称・九品仏）（東京都世田谷区）

西山禅林寺派　禅林寺（永観堂）（京都市左京区）
西山深草派　誓願寺（京都市中京区新京極）
西山浄土宗　光明寺（京都府長岡京市）

『浄土真宗』（『真宗』、『一向宗』）

信徒数　一二、六三〇、二七八

寺院数　二〇、六一七

本山

本願寺派　西本願寺（京都市下京区）※浄土真宗本願寺派

大谷派　東本願寺（京都市下京区）※真宗大谷派（他は全て真宗〇〇派）

高田派　専修寺（三重県津市一身田）

佛光寺派　佛光寺（京都市下京区）

興正派　興正寺（京都市下京区）

木辺派　錦織寺（滋賀県野洲市）

出雲路派　毫摂寺（福井県武生市）

誠照寺派　誠照寺（福井県鯖江市）

三門徒派　専照寺（福井市）

山元派　證誠寺（福井県鯖江市）

浄興寺派　浄興寺（新潟県上越市）

『融通念仏宗』

信徒数　一二九、八七〇

寺院数　三五七

本山　大念仏寺（大阪市平野区）

『時宗』（『踊り念仏』又は『遊行宗』）

信徒数　五七、三二一

寺院数　四一一

本山　清浄光寺（遊行寺）（神奈川県藤沢市）

『浄土三部経』の概略

その主たる教典は『浄土三部経』と称せられている。――『大無量寿経《むりょうじゅきょう》』（『大経』）『阿弥陀経』（『小経』）『観無量寿経』（観経）の三つを言う。

この内『阿弥陀経』は『大経』を簡略にしたもので、極楽世界の状況や仏陀の無限の光明を讃えており、「南無阿弥陀仏」を毎日唱えておれば必ず極楽国土に往生できることを説いている。――この読本には『小経』の全文を掲載した。『浄土三部経』のそれぞれの大意を以下に述べておく。――

（一）『大無量寿経』（大経）

ある時、釈迦は多くの高弟や菩薩たちとともに、王舎城の霊鷲山に滞在しておられた。周囲には、数万の修行僧達が取り巻いている。そこで阿難《あなん》尊者の要請に応えて、釈迦は逐次「極楽浄土」の由来や実相を語って聞かせるのである。

昔「世自在王如来」のとき「法蔵菩薩」が将来「仏陀」になろうと発願し、四十八項目の誓いを立て、修行して理想の「仏国土」に安住した。今、西方に「安楽国」と称する仏国土があるが、そこに「法蔵菩薩」は「阿弥陀如来」と言う名の仏陀になっている。如来は成仏してより既に十劫《こう》を経ており、安楽浄土は七宝・金・銀・瑠璃・珊瑚等で荘厳され、四季なく常に穏和である。そして仏の寿命は無量である。

次いで、この浄土に、大衆は如何にして往生《おうじょう》できるかが説かれる。それは日常「功徳」を積むことであるが、その功徳の大小に応じて、「三輩」（三種の仲間）に分類される。又このように精進しないで、この世の「三毒」「五悪」に染まった人達の不幸を釈迦は指摘し、この世で仁慈・博愛・忍辱・精進・禅定・智慧の善行の大切なことを説く。

続いて、釈迦は阿難の求めに応じて、諸々の菩薩・声聞の住む「安楽国」を眼前に出現せしめて、大衆を賛歎せしめるのである。そして十四の「仏国土」の名を挙げ、それのみならずその他の総ゆる「仏国土」の人々が極楽に往生できることを述べる。

最後に釈迦は、「弥勒菩薩《みろくぼさつ》」にこの経説を付嘱し、大地は六種に振動し、大光はあまねく十方の国土を照らし、無量の妙華は紛々として降った。弥勒をはじめとする菩薩衆、阿難らの大声聞、その他一切の大衆は、釈迦の説きたもうところを聞いて歓喜しないものはなかった。

(三)『阿弥陀経』(小経)

この『小経』は『無量寿経』即ち『大経』の要約又は縮刷版と言われているが、その説示の行われる舞台や所論の力点に多少の相違があるように思われる。

この時釈迦が滞在されたのは、舎衛国の祇樹給孤独園(祇園精舎)であり、説教の直接の相手方は、『大経』の場合は「阿難長者」であったが、この『小経』の場合は、釈迦高弟の第一と言われた「舎利弗」である。

極楽浄土の描写は、概ね『大経』と同じであるが、或る部分については、この『小経』の方が詳細な所もある。そしてこの極楽に往生するには、この仏国土の話を聞いて発願《ほつがん》し、「阿弥陀」の称号を一日乃至七日間、一心不乱に唱えれば、臨終において「阿弥陀如来」のお来迎を得る、と説く。

この様な「浄土」は、釈迦が現に指導しているこの娑婆《しゃば》以外に、東・南・西・北・下・上のそれぞれの仏国土に存在していて、多くの仏達が現に功徳を賞賛されている。だから衆生《しゅじょう》は安心して、極楽往生を祈念して、功徳を積みなさい、と説くのである。

この『小経』が法要や仏事に一番よく用いられるので、前述の如く全部の「読み」と「翻訳」とを別に掲げることとした。

(三)『観無量寿経』(観経)

略して『観経』と言う。この経は、前二者『大経』『小経』と些《いささ》か趣《おもむき》を異にしている。が『大経』の内容を前提にして説かれている。

これは、釈迦が王舎城の霊鷲山に文殊菩薩を上首とする多数の菩薩衆、大比丘衆と共に滞在された時の話である。

この王舎城に阿闍世と言う太子がいた。この太子は調達(他に提婆達多とも訳されている。釈迦の従兄弟とも言われ、釈迦を妬み釈迦の教団を破壊しようと企んだが、後に釈迦の徳に従うことになる)の悪だくみに乗って父王を幽閉し、それを助けようとした母の韋提希《イダイケ》をも幽閉した。この王夫人は、仏陀に祈り、苦しみのない浄土が見たいと願った。仏陀はこの願に応じて、十方の諸仏の浄土を示すと、夫人はその中で「阿弥陀仏の極楽浄土」に生まれたいと願った。

仏陀は、そのための手段として『三福』と称する実践（道徳的善行、三宝帰依の宗教心、大乗のための修行）の方法を授け、更に十六種の事物を深く観察する方法を教えた。即ち、先ず西方の日没・水・地・樹・池等の観察を始めとし、極楽浄土の菩薩や如来の姿を細かく観察し、丈六の仏像が池の上にあるのを観想するに及んだ。この十六の観想のうちに、阿弥陀浄土に往生する方法を、上品・中品・下品の三種に分け、これを更に上生・中生・下生の三つ、都合九《く》品《ほん》に細分して説明している。この三品の考えは『大経』の三輩の思想に基づいていると言われている。

この教えを聞いた夫人は大いに歓喜し、からりと疑いは晴れ、確固たる信仰心を持つに至った。五百の侍女達もみな菩提心を起こして、仏国土に往生したいと願った。釈迦はこれらの人達に、極楽往生の記別（保証）を与えられた。

『阿弥陀経』

佛説《ぶっせつ》『阿弥陀経《あみだきょう》』

姚《よう》秦《しん》三《さん》蔵《ぞう》法《ほっ》師《し》鳩《く》摩《ま》羅《ら》什《じゅう》奉《ぶっ》詔《しょう》譯《やく》

如《にょ》是《ぜ》我《が》聞《もん》。一《いち》時《じ》、佛《ぶつ》在《ざい》舎《しゃ》衛《え》国《こく》祇《ぎ》樹《じゅ》給《ぎっ》孤《こ》獨《どく》園《おん》、與《よ》大《だい》比《び》丘《く》衆《しゅ》千《せん》二《に》百《ひゃく》五《ご》十《じゅう》人《にん》倶《く》。皆《かい》是《ぜ》大《だい》阿《あ》羅《ら》漢《かん》、衆《しゅ》所《しょ》知《ち》識《しき》。長《ちょう》老《ろう》舎《しゃ》利《り》弗《ほつ》、摩《ま》訶《か》目《もっ》

仏の説きたもうた『阿弥陀経』

姚秦（後秦）の三蔵法師「鳩摩羅什《クマラジーヴァ》」が詔を奉じて翻訳する。

〔序説〕

この様に私は聞いております。――或る時、仏が舎衛国（コーサラ国の首都、シュラーヴァスティーのこと）の祇樹給孤独園（略して祇園精舎という）に滞在されて、大修行者衆千二百五十人と共におられた。

皆これらは偉大な阿羅漢（出家修行者のうちで最高の境地に達した者）たちで、衆に尊

健連《けんれん》、摩訶迦葉《まかかしょう》、摩訶迦旃延《まかかせんねん》、摩訶倶絺羅《まかくちら》、離婆多《りはた》、周利槃陀《しゅりはんだ》伽《か》、難陀《なんだ》、阿難陀《あなんだ》、羅睺羅《らごら》、憍《きょう》梵波提《ぼんはだい》、賓頭盧頗羅堕《びんずるはらだ》、迦留陀《かるだ》夷《い》、摩訶劫賓那《まかこうひんな》、薄拘羅《はっくら》、阿免《あぬ》樓駄《るだ》、如是等諸大弟子《にょぜとうしょだいでし》、并諸菩《びょうしょぼ》薩摩訶薩《さつまかさつ》、文殊師利法王子《もんじゅしりほうおうじ》、阿《あ》逸多菩薩《いったぼさつ》、乾陀訶提菩薩《けんだかだいぼさつ》、常精《じょうしょう》

敬さるべき人達であった。——即ち、長老の舎利弗、摩訶目健連、摩訶迦葉、摩訶迦旃延、摩訶倶絺羅、離婆多、周利槃陀伽、難陀、阿難陀、羅睺羅、憍梵波提、賓頭盧頗羅堕、迦留陀夷、摩訶劫賓那、薄拘羅、阿免樓駄——等のこのような諸々の大弟子[註1]（十六弟子と称されている）と共におられた。

註1＝167ページに補足説明

並びに、諸々の菩薩、摩訶薩（菩薩と同意）——即ち、文殊師利法王子（略して文殊菩薩。大乗仏教の般若（智慧）の教義を宣揚した菩薩。後世、慈悲の普賢菩薩とあい並んで釈迦如来の二脇士とされた）、阿逸多菩薩（玄奘は無能勝菩薩と訳す）、乾陀訶提菩薩（香象菩薩とも訳す。尊貴第一の菩薩とされる）、常精進菩薩。——等このような諸々の大菩薩、

進《じん》菩《ぼ》薩《さつ》、與《よ》如《にょ》是《ぜ》等《とう》諸《しょ》大《だい》菩《ぼ》薩《さつ》、及《ぎゅう》
釋《しゃく》提《だい》桓《かん》因《いん》等《とう》無《む》量《りょう》諸《しょ》天《てん》大《だい》衆《しゅ》倶《く》。
爾《に》時《じ》、佛《ぶつ》告《ごう》長《ちょう》老《ろう》舍《しゃ》利《り》弗《ほつ》、従《じゅう》是《ぜ》西《さい》
方《ほう》、過《か》十《じゅう》萬《まん》億《のく》佛《ぶつ》土《ど》、有《う》世《せ》界《かい》、名《みょう》
曰《わつ》極《ごく》楽《らく》。其《ご》土《ど》有《う》佛《ぶつ》、號《ごう》阿《あ》彌《み》陀《だ》。
今《こん》現《げん》在《ざい》説《せっ》法《ぽう》。舍《しゃ》利《り》弗《ほつ》、彼《ひ》土《ど》何《が》故《こ》
名《みょう》爲《い》極《ごく》楽《らく》。其《ご》国《こく》衆《しゅう》生《じょう》、無《む》有《う》衆《しゅ》苦《く》、

及び釈提桓因（天帝インドラのこと。漢訳して帝釈天とも言う。梵天とともに仏教の守護神として有名）らの無量の諸天・大衆と倶におられた。

〔正説〕

〔一、極楽の国土と聖衆〕

その時、仏は長者舎利弗に次のようにお告げになった。——

此処から西の方、十万億の仏土を過ぎて、世界がある。これを名付けて極楽という。その土に仏がおられて、阿弥陀と号している。今現に説法しておられる。

舎利弗よ、かの土を何が故に名付けて極楽と言うのであるか。その国の衆生は、諸々の苦しみはなく、只諸々の楽しみのみを受けて但受諸樂《たんじゅしょらく》。故名極楽《こみょうごくらく》。
又舎利弗《うしゃりほつ》、極楽国土《ごくらくこくど》、七重欄楯《しちじゅうらんじゅん》、
七重羅網《しつじゅうらもん》、七重行樹《しつじゅうごうじゅ》、皆是四寶《かいぜしほう》
周市圍繞《しゅうそういにょう》。是故《ぜこ》、彼国名曰極楽《ひこくみょうわつごくらく》。
又舎利弗《うしゃりほつ》、極楽国土《ごくらくこくど》、有七寶池《うしっぽうち》。
八功徳水《はっくどくすい》、充満其中《じゅうまんごちゅう》。池底純以《ちていじゅんに》
金沙布地《こんしゃふじ》。四邊階道《しへんかいどう》、金銀瑠璃《こんごうるり》
玻黎合成《はりごうじょう》。上有樓閣《じょううろうかく》。亦以金銀《ふくいこんごん》

いる。だから、その仏土を極楽と言うのである。

また、舎利弗よ。極楽国土には、七重の欄干、七重の珠玉で飾った網や七重の並木があって、みなこれが金・銀・青玉・水晶の四種の宝でもって飾られ取囲まれている。この故にかの国を名づけて極楽というのである。

また、舎利弗よ。極楽国土には、七宝（金・銀・瑠璃・玻黎・車渠・赤球・碼碯）の池があって、八功徳（玄奘訳によれば、清浄・清冷・甘美・軽軟・潤沢・安和・飢渇を除き・健康を増す功徳）の水をその中に湛えている。池の底には専ら金の砂が敷いてある。その四辺の階段は、金・銀・瑠璃・玻黎で出来ている。

瑠《る》璃《り》玻《は》黎《り》車渠《しゃこ》赤珠《しゃくしゅ》碼碯《めのう》、而《に》厳飾《ごんじき》之《し》。池《ち》中《ちゅう》蓮《れn》華《げ》大《だい》如《にょ》車輪《しゃりん》。青色《しょうしき》青《しょう》光《こう》、黄色《おうしき》黄光《おうこう》、赤色《しゃくしき》赤光《しゃくこう》、白色《びゃくしき》白光《びゃくこう》、微妙《みみょう》香潔《こうけつ》。舎利弗《しゃりほつ》、極樂《ごくらく》国土《こくど》、成就《じょうじゅ》如是《にょぜ》功徳《くどく》荘厳《しょうごん》。

又《う》舎利弗《しゃりほつ》、彼《ひ》佛《ぶっ》國土《こくど》、常《じょう》作《さ》天樂《てんごく》、黄金《おうごん》爲《い》地《じ》。晝夜《ちゅうや》六時《ろくじ》、而《に》雨《う》曼陀《まんだ》羅《ら》華《け》。其《ご》國《こく》衆生《しゅじょう》、常《じょう》以《い》清旦《しょうたん》、各《かく》

またその階段の上に楼閣があって、これまた七宝で装飾されている。池の中の蓮の華は、大きさが車輪のようである。しかも青色には青い光、黄色には黄の光、赤色には赤い光、白色には白い光があって、微妙な輝きや芳香を放っている。

——舎利弗よ。極楽国土は、このような功徳のある見事な配置で飾られているのである。

また、舎利弗よ。かの仏国土は、常に天から妙なる音楽が奏されており、大地は黄金色で美しい。昼と夜三度ずつマンダーラバの花の雨が降る。

その国の衆生は、常に清らかな朝、各々が器に花を盛って、他方世界の十万億の仏を供

以《い》衣《え》裓《こく》、盛《じょう》衆《しゅ》妙《みょう》華《け》、供《く》養《よう》他《た》方《ほう》
十《じゅう》萬《まん》億《のく》佛《ぶつ》、即《そく》以《い》食《じき》時《じ》、還《げん》到《とう》本《ほん》国《ごく》、
飯《ほん》食《じき》経《きょう》行《ぎょう》。舎《しゃ》利《り》弗《ほつ》、極《ごく》楽《らく》國《こく》土《ど》、
成《じょう》就《じゅ》如《にょ》是《ぜ》功《く》徳《どく》荘《しょう》厳《ごん》。

復《ぶ》次《じ》、舎《しゃ》利《り》弗《ほつ》、彼《ひ》國《こく》常《じょう》有《う》種《しゅ》種《じゅ》奇《き》
妙《みょう》雑《ざつ》色《しき》之《し》鳥《ちょう》。白《びゃっ》鵠《こう》、孔《く》雀《じゃく》、鸚《おう》鵡《む》、
舎《しゃ》利《り》、迦《か》陵《りょう》頻《びん》伽《が》、共《ぐ》命《みょう》之《し》鳥《ちょう》。是《ぜ》
諸《しょ》衆《しゅ》鳥《ちょう》、昼《ちゅう》夜《や》六《ろく》時《じ》、出《すい》和《わ》雅《げ》音《おん》。

養し、食事をする時間の前に本国に帰ってくる。そして飯食し、座禅を行う前の軽い運動などをする。

——舎利弗よ。極楽国土は、このような功徳のある見事な配置で飾られているのである。

また次に、舎利弗よ。かの国には常に種々の奇妙な雑色の鳥達がいる。即ち、白鳥、孔雀、鸚鵡、百舌鳥、妙音鳥（藪鶯のような小鳥）、命命鳥（人面禽形の鳥という）などである。この諸々の鳥たちが、昼と夜に三度ずつ、集まって良い声で合唱する。彼らが囀ると、覚りに至るための要件（五根・五力・七菩提分・八聖道分等）を説き明かす声が流れ

其《ご》音《おん》演《えん》暢《ちょう》五《ご》根《こん》五《ご》力《りき》七《しち》菩《ぼ》提《だい》分《ぶん》八《はっ》聖《しょう》道《どう》分《ぶん》如《にょ》是《ぜ》等《とう》法《ほう》。其《ご》土《ど》衆《しゅ》生《じょう》、聞《もん》是《ぜ》音《おん》已《に》、皆《かい》悉《しつ》念《ねん》佛《ぶつ》念《ねん》法《ぼう》念《ねん》僧《そう》。

舎《しゃ》利《り》弗《ほつ》、汝《にょ》勿《もつ》謂《い》此《し》鳥《ちょう》實《じつ》是《ぜ》罪《ざい》報《ほう》所《しょ》生《しょう》。所《しょ》以《い》者《しゃ》何《が》。彼《ひ》佛《ぶっ》國《こく》土《ど》、無《む》三《さん》悪《まく》趣《しゅ》。舎《しゃ》利《り》弗《ほつ》、其《ご》佛《ぶっ》國《こく》土《ど》、尚《しょう》無《む》三《さん》悪《みゃく》道《どう》之《し》名《みょう》。何《が》況《きょう》有《う》實《じつ》。是《ぜ》諸《しょ》衆《しゅ》鳥《ちょう》、皆《かい》是《ぜ》阿《あ》彌《み》陀《だ》佛《ぶつ》、欲《よく》令《りょう》法《ほう》音《おん》宣《せん》

出る。これを聞いて、其の国の衆生は「仏」を心にとどめる思いを生じ、「法」を心にとどめる思いを生じ、「僧団」を心にとどめる思いを生ずるのである。

舎利弗よ。汝、この鳥は実はこれ、罪報の結果生まれたものと見てはならないのである。それは何故か。——かの仏国土には三悪趣（三悪道と同じ。地獄・餓鬼・畜生の三つの悪処）がないからである。舎利弗よ、その仏国土には、なお三悪道の名はないのである。いわんや、実体のあるものではないのである。この諸々の鳥は、皆これ「阿弥陀仏」の法音を宣流せしめんと欲したまう変化の所作

流《る》變《へん》化《げ》所《しょ》作《さ》。

舎《しゃ》利《り》弗《ほつ》、彼《ひ》佛《ぶっ》國《こく》土《ど》、微《み》風《ふう》吹《すい》動《どう》、諸《しょ》寶《ほう》行《ごう》樹《じゅ》及《ぎゅう》寶《ほう》羅《ら》網《もう》、出《すい》微《み》妙《みょう》音《おん》。譬《ひ》如《にょ》百《ひゃく》千《せん》種《じゅ》樂《がく》同《どう》時《じ》倶《く》作《さ》。聞《もん》是《ぜ》音《おん》者《しゃ》、皆《かい》自《じ》然《ねん》生《しょう》念《ねん》佛《ぶつ》念《ねん》法《ぽう》念《ねん》僧《そう》之《し》心《しん》。

舎《しゃ》利《り》弗《ほつ》、其《ご》佛《ぶっ》國《こく》土《ど》、成《じょう》就《じゅ》如《にょ》是《ぜ》功《く》徳《どく》荘《しょう》厳《ごん》。

舎《しゃ》利《り》弗《ほつ》、於《お》汝《にょ》意《い》云《うん》何《が》。彼《ひ》佛《ぶつ》何《が》故《こ》

なのである。

舎利弗よ。かの仏国土には、おだやかな微風が吹いており、諸々の宝で飾った並木や宝石や鈴をつけた飾り網から、美わしく快い音が流れ出てくる。それは譬えば、百千種の楽器を同時に合奏するが如くである。

この音楽を聞く者は、みな自然に、念仏・念法・念僧の心を起こす。――舎利弗よ。その極楽仏土は、このような功徳のある見事な配置で、飾られているのである。

舎利弗よ。汝はどう思うか。――かの仏を、何が故に「阿弥陀」と称するのであろうか。

號《ごう》阿《あ》彌《み》陀《だ》。舍《しゃ》利《り》弗《ほつ》、彼《ひ》佛《ぶっ》光《こう》明《みょう》無《む》量《りょう》、照《しょう》十《じっ》方《ぽう》國《こく》無《む》所《しょ》障《しょう》礙《げ》。是《ぜ》故《こ》號《ごう》爲《い》阿《あ》彌《み》陀《だ》。又《う》舍《しゃ》利《り》弗《ほつ》、彼《ひ》佛《ぶつ》壽《じゅ》命《みょう》及《ぎゅう》其《ご》人《にん》民《みん》、無《む》量《りょう》無《む》邊《へん》阿《あ》僧《そう》祇《ぎ》劫《こう》。
故《こ》名《みょう》阿《あ》彌《み》陀《だ》。

舍《しゃ》利《り》弗《ほつ》、阿《あ》彌《み》陀《だ》佛《ぶつ》、成《じょう》佛《ぶつ》已《い》来《らい》、於《お》今《こん》十《じっ》劫《こう》。又《う》舍《しゃ》利《り》弗《ほつ》、彼《ひ》佛《ぶつ》有《う》無《む》量《りょう》無《む》邊《へん》聲《しょう》聞《もん》弟《で》子《し》。皆《かい》阿《あ》羅《ら》漢《かん》、非《ひ》

舍利弗よ。かの仏の「光明」は「無量」であって、十方の仏国土を照らして遮るものがない。この故に号して「阿弥と称するのである。また舍利弗よ。かの仏の「寿命」、およびその聖衆の寿命も「無量」にして無辺であって、阿僧祇（十の百四十乗、無数を示す）劫（一劫も無限の時間を示す単位）である。だから、「阿弥陀」と名づけるのである。

（注）無量光のことを、梵語で「アミターバ」という。

舍利弗よ。阿弥陀仏は、仏となってこのかた、今に十劫（無限）である。また、舍利弗よ、かの仏に無量無辺の多くの声聞（まだ教えを聞くのみの修行者）の弟子達がいる。みな阿羅漢（尊敬さるべき修行者。又は修行者の最高位）であって、数え切れぬほどの大勢である。諸々の菩薩衆も、またまたこのように沢

是《ぜ》算《さん》數《じゅ》之《し》所《しょ》能《のう》知《ち》。諸《しょ》菩《ぼ》薩《さつ》衆《しゅ》、亦《やく》復《ぶ》如《にょ》是《ぜ》。舎《しゃ》利《り》弗《ほつ》、彼《ひ》佛《ぶっ》國《こく》土《ど》、成《じょう》就《じゅ》如《にょ》是《ぜ》功《く》德《どく》莊《しょう》嚴《ごん》。

又《う》舎《しゃ》利《り》弗《ほつ》、極《ごく》楽《らく》國《こく》土《ど》、衆生生者《じょうしょうじゃ》、皆《かい》是《ぜ》阿《あ》鞞《び》跋《ばっ》致《ち》、其《ご》中《ちゅう》多《た》有《う》一《いっ》生《しょう》補《ふ》處《しょ》。其《ご》數《しゅ》甚《じん》多《た》。非《ひ》是《ぜ》算《さん》數《じゅ》所《しょ》能《のう》知《ち》之《し》。但《たん》可《か》以《い》無《む》量《りょう》無《む》邊《へん》阿《あ》僧《そう》祇《ぎ》劫《こう》說《せつ》。

舎《しゃ》利《り》佛《ほつ》、衆《しゅ》生《じょう》聞《もん》者《しゃ》、應《おう》當《とう》發《ほつ》願《がん》願《がん》

山集まっている。——舎利弗よ。かの極楽仏土は、このような功徳のある見事な配置で飾られているのである。

また、舎利弗よ。極楽国土には、衆生の生まれた者はみな、阿鞞跋致（不退転。仏になることが決まっていて、菩薩の地位より退転しない位）であって、その中に多くの、一生補処（菩薩の最高位で、次生には仏の位処を補うことができる等覚の位）の菩薩がある。

その数は甚だ多い。これは数えてもよく分からない。ただ、無量無辺、阿僧祇、劫をもって説くしかないのである。

〔二、念仏による浄土往生〕

舎利佛よ。衆生であって、このような極楽

生《しょう》彼《ひ》國《こく》。所《しょ》以《い》者《しゃ》何《が》。得《とく》與《よ》如《にょ》是《ぜ》諸《しょ》上《じょう》善《ぜん》人《にん》倶《く》會《え》一《いっ》處《しょ》。舎《しゃ》利《り》弗《ほつ》、不《ふ》可《か》以《い》少《しょう》善《ぜん》根《ごん》福《ふく》徳《とく》因《いん》縁《ねん》得《とく》生《しょう》彼《ひ》國《こく》。

舎《しゃ》利《り》弗《ほつ》、若《にゃく》有《う》善《ぜん》男《なん》子《し》善《ぜん》女《にょ》人《にん》、聞《もん》説《せつ》阿《あ》彌《み》陀《だ》佛《ぶつ》、執《しゅう》持《じ》名《みょう》號《ごう》、若《にゃく》一《いち》日《にち》、若《にゃく》二《に》日《にち》、若《にゃく》三《さん》日《にち》、若《にゃく》四《し》日《にち》、若《にゃく》五《ご》日《にち》、若《にゃく》六《ろく》日《にち》、若《にゃく》七《しち》日《にち》、一《いっ》心《しん》不《ふ》亂《らん》、

浄土や阿弥陀仏や聖衆のことを聞く者があれば、まさに願を発《おこ》して彼の浄土に生まれたいと願うべきである。何故かといえば、このように発願して精進する者がこれらの諸々の上善人達と共に、浄土という「一処」において、会いまみえることが出来るからである。――舎利弗よ。少ない善根・福徳の因縁（主に念仏を言う）では、浄土に生まれることは出来ないのである。

舎利弗よ。もし善男子・善女人があって、阿弥陀仏の名号《みょうごう》を説くことを聞き、その名号を深く思惟すること、もしくは一日、もしくは二日、もしくは三日、もしくは四日、もしくは五日、もしくは六日、もしくは七日の間、一心不乱ならば、その人の命が終わる時に臨

其《ご》人《にん》臨《りん》命《みょう》終《じゅう》時《じ》、阿《あ》彌《み》陀《だ》佛《ぶつ》、與《よ》諸《しょ》
聖《しょう》衆《じゅ》、現《げん》在《ざい》其《ご》前《ぜん》。是《ぜ》人《にん》終《じゅう》時《じ》、心《しん》
不《ぷ》顛《てん》倒《どう》。即《そく》得《とく》往《おう》生《じょう》阿《あ》彌《み》陀《だ》佛《ぶつ》極《ごく》樂《らく》
國《こく》土《ど》。

舎《しゃ》利《り》弗《ほつ》、我《が》見《けん》是《ぜ》利《り》。故《こ》説《せつ》此《し》言《ごん》、
若《じゃく》有《う》衆《しゅ》生《じょう》聞《もん》是《ぜ》説《せつ》者《しゃ》、應《おう》當《とう》發《ほつ》願《がん》生《しょう》
彼《ひ》國《こく》土《ど》。

んで、阿弥陀仏は諸々の聖衆と共に、その前にお姿を現したもうであろう。かくしてこの人は臨終にあたって、心が顛倒することなく、命《いのち》終わって、直ちに阿弥陀仏の極楽浄土へ往生することができる。

〔三、釈尊と諸仏の証明を挙げて信心を勧めること〕

舎利弗よ。私（釈尊自らのこと）は、このように浄土に往生することの大利益を知っている。が故に以下の言を勧め説くのである。即ち『もし、衆生があって、この説を聞くならば、直ちに彼の浄土に生まれんと発願すべきである』と。

舍《しゃ》利《り》弗《ほつ》、如《にょ》我《が》今《こん》者《じゃ》讃《さん》歎《だん》阿《あ》彌《み》陀《だ》佛《ぶつ》不《ふ》可《か》思《し》議《ぎ》功《く》徳《どく》、東《とう》方《ぼう》亦《やく》有《う》阿《あ》門《しゅく》鞞《び》佛《ぶつ》、須《しゅ》彌《み》相《そう》佛《ぶつ》、大《だい》須《しゅ》彌《み》佛《ぶつ》、須《しゅ》彌《み》光《こう》佛《ぶつ》、妙《みょう》音《おん》佛《ぶつ》、如《にょ》是《ぜ》等《とう》恆《ごう》河《が》沙《しゃ》數《しゅ》諸《しょ》佛《ぶつ》、各《かく》於《お》其《ご》國《こく》、出《すい》廣《こう》長《じょう》舌《ぜっ》相《そう》、偏《へん》覆《ぷ》三《さん》千《ぜん》大《だい》千《せん》世《せ》界《かい》、説《せつ》誠《じょう》實《じつ》言《ごん》、汝《にょ》等《とう》衆《しゅ》生《じょう》、當《とう》信《しん》是《ぜ》稱《しょう》讃《さん》不《ふ》可《か》思《し》議《ぎ》功《く》徳《どく》一《いっ》切《さい》諸《しょ》佛《ぶつ》所《しょ》護《ご》念《ねん》經《ぎょう》。

舎利弗よ。私がいま、阿弥陀仏の不可思議な功徳を誉め讃えている如く、ここより東方にもまた、阿門鞞仏（阿弥陀仏の西方浄土に対し、東方浄土の教主とされる）、須弥相仏、大須弥仏、須弥光仏、妙音仏など、このようなガンジス河の砂の数ほどの諸仏がおられて、各々その国に於いて、広長の舌相（この相は仏陀の三十二の身体的特徴の一つで、その説く言葉に虚言がないと考えられた）を現し、あまねく三千大千世界（小・中・大の三種の千世界。広大無辺の世界）を覆って、この誠実の言を説いておられる。――即ち『汝ら衆生よ。まさにこの阿弥陀仏の不可思議の功徳を誉め讃え、一切の諸仏に護られ念じられている経を信じなさい』と。

舎利弗《しゃりほつ》、南方世界《なんぽうせかい》、有日月燈佛《うにちがつとうぶつ》、名聞光佛《みょうもんこうぶつ》、大焔肩佛《だいえんけんぶつ》、須彌燈佛《しゅみとうぶつ》、無量精進佛《むりょうしょうじんぶつ》、如是等恆河沙數諸佛《にょぜとうごうがしゃしゅしょぶつ》、各於其國《かくおごこく》、出廣長舌相《すいこうじょうぜっそう》、偏覆三千大千世界《へんぶさんぜんだいせんせかい》、説誠實言《せつじょうじつごん》、汝等衆生《にょとうしゅじょう》、當信是稱讃不可思議功徳一切諸佛所護念經《とうしんぜしょうさんふかしぎくどくいっさいしょぶつしょごねんぎょう》。

舎利弗《しゃりほつ》、西方世界《さいほうせかい》、有無量壽佛《うおりょうじゅぶつ》、

舎利弗よ。南方世界には、日月燈仏、名聞光仏、大焔肩仏、須弥燈仏、無量精進仏など、このようなガンジス河の砂の数ほどの諸仏がおられて、各々その国に於いて、広長の舌相を現し、あまねく三千大千世界を覆って、この誠実の言を説いておられる。――即ち『汝ら衆生よ。まさにこの阿弥陀仏の不可思議の功徳を誉め讃え、一切の諸仏に護られ念じられている経を信じなさい』と。

舎利弗よ。西方世界には、無量寿仏、無量

無《む》量《りょう》相《そう》佛《ぶつ》、無《む》量《りょう》幢《どう》佛《ぶつ》、大《だい》光《こう》佛《ぶつ》、大《だい》明《みょう》佛《ぶつ》、寶《ほう》相《そう》佛《ぶつ》、浄《じょう》光《こう》佛《ぶつ》、如《にょ》是《ぜ》等《とう》恆《ごう》河《が》沙《しゃ》數《しゅ》諸《しょ》佛《ぶつ》、各《かく》於《お》其《ご》國《こく》、出《すい》廣《こう》長《じょう》舌《ぜっ》相《そう》、偏《へん》覆《ぷ》三《さん》千《ぜん》大《だい》千《せん》世《せ》界《かい》、説《せつ》誠《じょう》實《じつ》言《ごん》、汝《にょ》等《とう》衆《しゅ》生《じょう》、當《とう》信《しん》是《ぜ》稱《しょう》讃《さん》不《ふ》可《か》思《し》議《ぎ》功《く》徳《どく》一《いっ》切《さい》諸《しょ》佛《ぶつ》所《しょ》護《ご》念《ねん》経《ぎょう》。

舎《しゃ》利《り》弗《ほつ》、北《ほっ》方《ぽう》世《せ》界《かい》、有《う》焔《えん》肩《けん》佛《ぶつ》、

相仏、無量幢仏、大光仏、大明仏、宝相仏、浄光仏など、このようなガンジス河の砂の数ほどの諸仏がおられて、各々その国に於いて、広長の舌相を現し、あまねく三千大千世界を覆って、この誠実の言を説いておられる。

――即ち『汝ら衆生よ。まさにこの阿弥陀の不可思議の功徳を誉め讃え、一切の諸仏に護られ念じられている経を信じなさい』と。

舎利弗よ。北方世界には、焔肩仏、最勝音仏、難沮仏、日生仏、網明仏など、このよう

最勝音佛《さいしょうおんぶつ》、難沮佛《なんそぶつ》、日生佛《にっしょうぶつ》、網《もう》明佛《みょうぶつ》、如是等恆河沙數諸佛《にょぜとうごうがしゃしゅしょぶつ》、各《かく》於其國《おごこく》、出廣長舌相《すいこうじょうぜっそう》、徧覆三千《へんぷさんぜん》大千世界《だいせんせかい》、説誠實言《せつじょうじつごん》、汝等衆生《にょとうしゅじょう》、當信是稱讃不可思議功徳一切諸《とうしんぜしょうさんふかしぎくどくいっさいしょ》佛所護念經《ぶつしょごねんぎょう》。

舎利弗《しゃりほつ》、下方世界《げほうせかい》、有師子佛《うししぶつ》、名聞佛《みょうもんぶつ》、名光佛《みょうこうぶつ》、達摩佛《だつまぶつ》、法幢《ほうどう》

なガンジス河の砂の数ほどの諸仏がおられて、各々その国に於いて、広長の舌相を現し、あまねく三千大千世界を覆って、この誠実の言を説いておられる。

——即ち『汝ら衆生よ。まさにこの阿弥陀の不可思議の功徳を誉め讃え、一切の諸仏に護られ念じられている経を信じなさい』と

舎利弗よ。下方世界には、師子仏、名聞仏、名光仏、達摩仏、法幢仏、持法仏など、このようなガンジス河の砂の数ほどの諸仏がおられて、各々その国に於いて、広長の舌相を現

佛《ぶつ》、持法佛《じほうぶつ》、如是等恆河沙數諸《にょぜとうごうがしゃしゅしょ》
佛《ぶつ》、各於其國《かくおごこく》、出廣長舌相《すいこうじょうぜっそう》、偏《へん》
覆三千大千世界《ぶさんぜんだいせんせかい》、説誠實言《せつじょうじつごん》、汝《にょ》
等衆生《とうしゅじょう》、當信是稱讚不可思議功《とうしんぜしょうさんふかしぎく》
徳一切諸佛所護念經《どくいっさいしょぶつしょごねんぎょう》。
舎利弗《しゃりほつ》、上方世界《じょうほうせかい》、有梵音佛《うぼんのんぶつ》、
宿王佛《しゅくおうぶつ》、香上佛《こうじょうぶつ》、香光佛《こうこうぶつ》、大《だい》
焔肩佛《えんけんぶつ》、雜色寶華嚴身佛《ざつしきほうけごんしんぶつ》、娑羅《しゃら》

し、あまねく三千大千世界を覆って、この誠実の言を説いておられる。

——即ち『汝ら衆生よ。まさにこの阿弥陀の不可思議の功徳を誉め讃え、一切の諸仏に護られ念じられている経を信じなさい』と。

舎利弗よ。上方世界には、梵音仏、宿王仏、香上仏、香光仏、大焔肩仏、雑色宝華厳身仏、娑羅樹王仏、宝華徳仏、見一切義仏、如須弥山仏など、このようなガンジス河の砂の数ほどの諸仏がおられて、各々その国に於いて、広長の舌相を現し、あまねく三千大千世界を

樹王佛《じゅおうぶつ》、寶華徳佛《ほうけとくぶつ》、見一切義佛《けんいっさいぎぶつ》、如須彌山佛《にょしゅみせんぶつ》、如是等《にょぜとう》恆河沙數《ごうがしゃしゅ》諸佛《しょぶつ》、各於其國《かくおごこく》、出廣長舌相《すいこうじょうぜっそう》、偏覆《へんぷ》三千大千世界《さんぜんだいせんせかい》、説誠實言《せつじょうじつごん》、汝等衆生《にょとうしゅじょう》、當信是《とうしんぜ》稱讃《しょうさん》不可思議《ふかしぎ》功徳《くどく》一切諸佛所護念経《いっさいしょぶつしょごねんぎょう》。

舍利弗《しゃりほつ》、於汝意云何《おにょいうんが》。何故名爲《がこみょうい》一切諸佛所護念経《いっさいしょぶつしょごねんぎょう》。舍利弗《しゃりほつ》、若《にゃく》

覆って、この誠実の言を説いておられる。

——即ち『汝ら衆生よ。まさにこの阿弥陀の不可思議の功徳を称賛する、一切の諸仏に護られ念じられている経を信じなさい』と。

舍利弗よ。汝はどう思うか。どういう訳で諸仏の教えを名付けて「一切の諸仏に護念される経」とするのであろうか。

——舍利弗よ、もし善男・善女であって、

有《う》善《ぜん》男《なん》子《し》善《ぜん》女《にょ》人《にん》、聞《もん》是《ぜ》諸《しょ》佛《ぶつ》所《しょ》説《せつ》名《みょう》及《ぎゅう》経《きょう》名《みょう》者《しゃ》、是《ぜ》諸《しょ》善《ぜん》男《なん》子《し》善《ぜん》女《にょ》人《にん》、皆《かい》爲《い》一《いっ》切《さい》諸《しょ》佛《ぶつ》共《ぐ》所《しょ》護《ご》念《ねん》、皆《かい》得《とく》不《ふ》退《たい》轉《てん》於《お》阿《あ》耨《のく》多《た》羅《ら》三《さん》藐《みゃく》三《さん》菩《ぼ》提《だい》。是《ぜ》故《こ》、舍《しゃ》利《り》弗《ほつ》、汝《にょ》等《とう》皆《かい》當《とう》信《しん》受《じゅ》我《が》語《ご》及《ぎゅう》諸《しょ》佛《ぶつ》所《しょ》説《せつ》。舍《しゃ》利《り》弗《ほつ》、若《にゃく》有《う》人《にん》、已《い》發《ほつ》願《がん》、今《こん》發《ほつ》願《がん》、當《とう》發《ほつ》願《がん》、欲《よく》生《しょう》阿《あ》彌《み》陀《だ》佛《ぶつ》國《こく》者《しゃ》、是《ぜ》諸《しょ》人《にん》等《とう》、皆《かい》得《とく》

この諸仏の説くところの阿弥陀仏の名や阿弥陀経の名を聞き覚える者あらば、この諸々の善男・善女は、みな一切の諸仏が共に護念するところとなり、全ての者が「アヌッタラサンミャクサンボディー」（梵語で「この上なく正しい覚り」の意）から不退転の境地を得るためである。この故に、舍利弗よ。汝らは皆、まさに我が言葉及び諸仏の説くところを信受すべきである。

舍利弗よ。もし或る人が、既に願を発《おこ》し、いま願を発し、まさに願を発して、阿弥陀仏の国に生まれんと欲するならば、この諸々の人はみな「この上なく正しい覚り」の境地から不退転となることを得て、かの国に、既に生まれ、もしくは今生まれ、又は将に生まれ

不《ふ》退《たい》轉《てん》於《お》阿《あ》耨《のく》多《た》羅《ら》三《さん》藐《みゃく》三《さん》菩《ぼ》提《だい》、於《お》彼《ひ》國《こく》土《ど》、若《にゃく》已《い》生《しょう》、若《にゃく》今《こん》生《じょう》、若《にゃく》當《とう》生《しょう》。是《ぜ》故《こ》、舍《しゃ》利《り》弗《ほつ》、諸《しょ》善《ぜん》男《なん》子《し》善《ぜん》女《にょ》人《にん》、若《にゃ》有《う》信《しん》者《じゃ》、應《おう》當《とう》發《ほつ》願《がん》生《しょう》彼《ひ》國《こく》土《ど》。

舍《しゃ》利《り》弗《ほつ》、如《にょ》我《が》今《こん》者《じゃ》稱《しょう》讃《さん》諸《しょ》佛《ぶつ》不《ふ》可《か》思《し》議《ぎ》功《く》徳《どく》、彼《ひ》諸《しょ》佛《ぶつ》等《とう》、亦《やく》稱《しょう》説《せつ》我《が》不《ふ》可《か》思《し》議《ぎ》功《く》徳《どく》、而《に》作《さ》是《ぜ》言《ごん》、釋《しゃ》迦《か》

んとするであろう。

この故に、舎利弗よ。諸々の善男・善女にして、もし信仰心のあるものは、まさに、かの浄土に生まれたいとの「発願《ほつがん》」をすべきなのである。

舎利弗よ。私（釈尊自らがいう）が今、諸仏の不可思議の功徳を称賛している如く、かの諸仏らもまた、私の不可思議の功徳を称説して、次のように言っている。

――『釈迦牟尼仏は、よく甚難・希有の事をなしたもうた。即ち、よく娑婆国土におい

牟《む》尼《に》佛《ぶつ》、能《のう》爲《い》甚《じん》難《なん》希《け》有《う》之《し》事《じ》。能《のう》於《お》娑《てゃ》婆《ば》國《こく》土《ど》、五《ご》濁《じょく》悪《あく》世《せ》劫《こう》濁《じょく》、見《けん》濁《じょく》、煩《ぼん》悩《のう》濁《じょく》、衆《しゅ》生《じょう》濁《じょく》、命《みょう》濁《じょく》中《ちゅう》、得《とく》阿《あ》耨《のく》多《た》羅《ら》三《さん》藐《みゃく》三《さん》菩《ぼ》提《だい》、爲《い》諸《しょ》衆《しゅ》生《じょう》、説《せつ》是《ぜ》一《いっ》切《さい》世《せ》間《けん》難《なん》信《しん》之《し》法《ほう》。

舎《しゃ》利《り》弗《ほつ》、當《とう》知《ち》。我《が》於《お》五《ご》濁《じょく》悪《あく》世《せ》、行《ぎょう》此《し》難《なん》事《じ》、得《とく》阿《あ》耨《のく》多《た》羅《ら》三《さん》藐《みゃく》三《さん》菩《ぼ》提《だい》、爲《い》一《いっ》切《さい》世《せ》間《けん》、説《せつ》此《し》難《なん》信《しん》之《し》法《ほう》。

て、五つの濁りの悪世たる、劫濁（時代の穢れ。天災・戦争などの社会悪）見濁（思想の穢れ。邪な見解や教えが横行すること）煩悩濁（精神的悪徳がはびこること）衆生濁（人間の身・心が弱くなって質的に低下すること）命濁（人間の寿命が短くなること）の中において「この上なく正しい覚り」を得られ、諸々の衆生のために、この一切の世間に難信の法を説かれた』と。

舎利弗よ。まさにその通りであると知るべし。私は五つの濁りの悪世において、この難事を行い「この上なく正しい覚り」を得て、一切の世間のために、この難信の法を説いたのである。——これは私にとっても、もっともなし難いところであった。

是為甚難《ぜいじんなん》。

佛説此経已《ぶっせつしきょうい》、舎利弗及諸比丘《しゃりほつぎゅうしょびく》、一切世間天人阿脩羅等《いっさいせけんてんにんあしゅらとう》、聞佛所説《もんぶつしょせつ》、歓喜信受《かんぎしんじゅ》、作禮而去《さらいにこ》。

佛説阿彌陀経《ぶっせつあみだきょう》

〔結語〕

仏（釋尊）が、この経を説き終わるや、舎利弗および諸々の修行僧、一切の世間の天・人・阿修羅（天上の神の敵。仏教では守護神ともなる）等は、仏の説きたもうたところを聞き、歓喜し信心し、礼をして去ったのである。

仏の説きたまいし『阿弥陀経』を終わる。

第二章　天台宗系、日蓮宗系

中国で一番古く仏教宗派として成立したのは、六世紀後半の「智顗《ちぎ》」の『天台宗』であると言われている。

彼は当時既に中国に流行していた『法華経』信仰を中心に、その他の「経」や「論」を纏めて、一つの体系を創った。――中国、隋・唐時代にはこの『天台宗』に続いて、『三論宗』『法相宗』『華厳宗』『密教』などが成立し、また『浄土教』も広まっていた。

日本もこれらの宗派の影響を受けて、奈良仏教・平安仏教の隆盛をみた。が、日本では仏教の受容は『国家鎮護』のシンボルとして利用された気配がつよい。――日本仏教は、聖徳太子の『法華経』信仰を初めとして、最澄の「天台比叡」の開山についても、時の権力者の援助なくして成立は考えられないことであった。――そして、日本の初期仏教は、奈良仏教の『律論・法論』を除けば、『法華経』を中心として動いていたと大雑葉に言えるのではないか。

但し「最澄」は命により『天台』の「受戒《じゅかい》」（ライセンス）を受けるために渡唐したのであったが、実は『密教』の教えも得たいと思っていた。その証拠には一年遅れて帰朝した「空海」に、後に丁重に『真言』の「受戒」を懇請しているのである。――そのように当時は、「即身成仏」の思想と実践を内蔵する『密教』は先進学徒に大きな魅力のあるものになっていたと思われるが、とにかく『法華経』がその頃本流の教義であったことは間違いないであろう。

この本では、便宜上『天台宗』の主な「お経」を『法華経』として掲げたが、後に『真言宗』の章で延べるように、『天台宗』は「天台密教」として、「真言密教」と並び称せられ、ともに『大日経』を信捧すると共に、諸学の本家として『阿弥陀経』をも尊重している宗派である。

その後、日本では『仏教』は『国家鎮護』の色彩を次第に弱め、人間そのものの救いの教えとして普及していった。――前章で述べた通り、比叡大学から

「法然」「親鸞」らの『浄土三部経』を尊重する学派が分離独立したのも、その一例である。

しかし、同じ比叡大学に学んだ「日連」は『阿弥陀経』の来世信仰に走らず、「実践の学」である『妙法、蓮華経』即ち『法華経』をさらに深く追求していった。「日蓮」は教室に留まって、古典の教義を反芻解釈することを好まなかった。日本各地に出没し、広く大衆の底辺に接触し、庶民の悩みを真剣に我が悩みとして把握することに努めた。――「南無、妙法、蓮華経」と称えながら、この『法華経』を繙けば、何処を開いても、庶民の教えや布教のガイドにならないものはないのである。

前述のように、中国の天台宗に於いては「智顗」は諸々のお経の中心に『法華経』を置いたのであったが、日本の場合、「最澄」の招来した『天台宗』は『阿弥陀経』を尊重して日常の法要・勤行にもこれを用いておられるようである。

また、日本の宗派の中で最も多くの派に分かれているのは日蓮宗であるが、多くの派に分かれた理由は、『法華経』を前半十四章の迹門《しゃくもん》と後半十四章の本門とに分けて、どちらを重視するかという解釈の違いに拠っている。全体を肯定する一致派と、本門が勝れ迹門が劣るとする勝劣派である。

一致派は、ほぼ一つの教団として『日蓮宗』を名乗り（不受不施派は別教団）、勝劣派は個別に派祖を立て、それぞれ独自の名称を名乗っている。

〔天台宗系の信徒、寺院等〕

信徒数　二、六一八、二一八
寺院数　四、三六四

『天台宗』

本山　比叡山延暦寺（京都市左京区）
名刹　東叡山寛永寺（東京都台東区）
　　善光寺（長野市）
　日光山輪王寺（栃木県日光市）
　　中尊寺（岩手県平泉町）※天台密教系の寺院については120頁参照

天台寺門宗　園城寺（三井寺）（滋賀県大津市）
天台真盛宗（念仏）　西教寺（滋賀県大津市）
和宗　四天王寺（大阪市天王寺区）

〔日蓮宗（法華宗）系の信徒、寺院等〕

信徒数　五、九九三、八九八
寺院数　六、七五七

『日蓮宗』

本山　身延山久遠寺（山梨県身延町）
日蓮廟所　長栄山本門寺（東京都太田区池上）
名刹　誕生寺（千葉県天津小湊町）
清澄寺（千葉県天津小湊町）
題経寺（柴又帝釈天）（東京都葛飾区）

〔その他の日蓮系流派—伝統的宗派のみ〕

日蓮正宗　大石寺
顕本法華宗　妙満寺

法華宗（本門流）　光長寺・鷲山寺・本興寺・本能寺
法華宗（陣門流）　本成寺
法華宗（真門流）　本隆寺
本門法華宗　妙蓮寺
本門佛立宗　宥清寺
日蓮本宗　要法寺
日蓮宗不受不施派　妙覚寺
日蓮法華宗　正福寺
法華日蓮宗　宝龍寺
本派日蓮宗　宗祖寺
本化日蓮宗（兵庫）　妙見寺
不受不施日蓮講門宗　本覚寺
本化日蓮宗（京都）　石塔寺
正法法華宗　大教寺
本門経王宗　日宏寺

『法華経』の概略

『白い蓮の華の経』即ち『法華経』は「第一章、序品」「第二章、方便品」以下終わりの第二十八章まで、殆どの章に比喩の教えが載っている。この教えは、我々二十一世紀に生きる者にとっても、現実の事柄に引き直して充分理解できる話題である。

第一章　序品

釈迦が「悟り」を得てからの最初の説法は、バーラーナシーの郊外「鹿野苑」であったことはよく知られているが、その後大聴衆を集めての説法は各地で行われた。その中でも、この「妙法蓮華経」を説かれたマガダ国の首都、王舎城《ラージャグリハ》にある耆闍崛山《グリドラクータ》（他に霊鷲山とか鷲峰とも訳されている）においての説法は有名であり、釈迦入滅の五年程前に説かれたものであると言われている。

この時集まった聴衆は、釈迦の高弟を初めとし、修行中の者から菩薩に到るまで、また現世の諸国王やその妻子も含めて、十万人にも及ぶ大聴衆であった。――今考えると、後楽園以上の広さの山麓に数万人ずつ群れをなして集まった大衆に、釈迦の声がよく届いたかどうか疑わしいが、釈迦は単なる説示を行われるだけでなく、天地を豁《ひら》きあまねく世界を照らす奇跡をもお示しになるので、この行事は高弟を含めた布教の一大イベントであったと思われる。

つまり、釈迦の説法は一人だけの独演ではなく、後の章で明らかになるように、周辺にいる五大弟子等との対話や宗教儀礼等があり、弟子の比喩話なども挿入されていて、言わば釈迦を中心とした一種の「ゼミナール」が開かれ、そのゼミナールも「オペラ」のような演出を伴ったものだったのではなかろうか。釈迦も高弟達も、舌は長く声はテナーのようによく澄み透り、それを多くの修行僧や大観衆が取り巻いて見聴きしている、と言った風景であったという感じがする。

(釈迦には三十二の身体的特徴があったと言われているが、舌が長かったのもその一つである。舌が長いのは、声が遠くへ届き、音声を強めるものであった

と思われる）

その上、釈迦は単なるゼミの教授とは違って、間もなく禅定に入ると、額から一万八千の仏国土を照らす光明を出して、地獄から天上界までを隈なく映し出すのである。

この不思議な奇跡を見て、列席していた文殊菩薩は弥勒菩薩の質問に答えて、「かつて遠い昔、日月燈明という名の仏陀の時代に、今と同じような奇跡があって、この仏陀は禅定からさめられた後、『妙法蓮華経』と言う大乗の教えを説き、入滅されたということである」と説明した。

第一章は、この壮大な『法華経』の導入部である。

第二章　方便品

やがて禅定からさめた釈迦は、弟子の舎利弗《シャーリープトラ》に、如来（最高の悟りを得た仏）の悟った境地はあまりにも深くて、一切の修行者には不可解である。従って、これから三乗（小乗）の教えを説くことにする、と言われた。――舎利弗は驚きかつ訝しく思って、再三、一乗（大乗）の教えを説いて頂くように懇願した。

修行僧たちの一部、五千人ばかりは、自分達には判らぬと仰る法を聞く必要はないと、退席した。釈迦は敢えてそれを制止しようとはされなかった。重ねての舎利弗の願いを、釈迦は聴き届けて、大乗の教えを説かれることとなった。と同時に、舎利弗が将来、如来になる資格のあるものであることをお認めになった。

——そして以下の章で、比喩をまじえた教えが延々と続くのである。——思うに、釈迦の悟りは正に深遠であって、よく言葉で表現できるものではない。かろうじて比喩のみが、その片鱗を推察せしめ得るのみである。また、釈迦が再三舎利弗の懇請を断ったのも、本当の悟り（大乗）に到るには、只単に他人の説教を聞くだけでは駄目で、弟子達自らの、ひたむきな悟道への勇猛心が必要である。自らの苦難の行《ぎょう》を経てのみ彼岸に達し得られるのである、との教訓を示したかったのではないかと思う。

この章は『法華経』の「序論」であり、全体の基本の思想を述べたものである。多くの葬送儀礼や、日常の勤行にも唱和されることが多いので、別途、よく読経されるこの章の始めの一部を掲載することとした。

第三章　比喩品（三車火宅の譬え）

釈迦が説かれるには、――或る大富豪がいて、広大な邸宅に住んでいた。ある日突然この邸宅が火事になった。出口が一つしかないのに子供達は遊びに夢中になっていて、出てこない。そこで富豪は一計を案じ、外には楽しい羊車や鹿車や牛車が待っている、と誘って子供たちを助けた。出てきた子供には皆同じように一番立派な牛車を与えた。

釈迦はこの比喩に託して、色々なことを教える。

――火宅は、この四苦（生・病・老・死）の現世である。人々は何も知らないで子供達のように、その火事の世の中で暮らしている。如来は車を与えるとの『方便』を使って大衆を救い出そうとしている。しかも、一番上等の牛車、即ち「大乗」を与えようとしているのである。――

「日蓮」はこの章の中の釈迦の詩頌『三界は安きこと無く、猶《なお》火宅の如し……云々』を、しばしば賛嘆愛称している。――この部分も別途、後に載せた。

第四章　信解品（放蕩息子の譬え）

この章の、長い間家を捨てて放浪した大富豪の息子の話は、釈迦の垂訓でなく「迦葉」ら四人の高弟たちがこもごも語った譬え話である。

或る放蕩息子が家出して、五十年もの間家を留守にした。がそのあいだに富豪となった父は、我が子のことを一日たりとも忘れない。ある日息子は何も知らずに我が家の前を通りかかるが、父は一目ですぐ我が子と判る。下賤の者に後をつけさせ、汚物の清掃人として我が家に雇いいれる。富豪も粗末な身なりをして息子に近づき、次第に親しくなる。かくて二十年後、臨終の席で一族の者達に一部始終を語って、この息子に全財産を相続させる。

迦葉らはこの譬え話を語って、自分等はこの大富豪の息子の様なものであると言う。即ち、師、釈迦は自分らに「小乗」の教えを授けてくださった。それは丁度、息子に下賤の仕事を父が与えたようなものである。我々はそのお言葉を信じて努力を続けて来た。そして今、かの息子が父の相続人として認められたと同じように、釈迦の後継者になりうると我々は認めて頂いた。今まで自分達には縁のないと思っていた「大乗」の教えが、自分らのものであることが判って、高弟たちは感激するのである。

第五章　薬草喩品（三草二木の譬え）

続いて釈迦は、薬草の譬えを述べられる。――自然の植物は雨によって育つ。降る雨はどの植物にも公平であるが、植物は大・中・小によって、それぞれ分に応じ自分に合うだけの水分を吸収する。――それと同じで、釈迦自らの教えは平等であるが、弟子達のうち「声聞《しょうもん》」（小乗信仰で満足している僧）は僅かの教えで満足し、「縁覚《えんがく》」（仏の指導によらないで、前世の因縁などで独りで悟り、他に働きかけない、小乗・大乗の中間者）は中位の教えで満足する。しかし、「菩薩」（大乗の求道者）たちは仏陀の最高の境地を獲得したいと、教えを懸命に信奉して成長する。釈迦はこの「菩薩」を更に二つに分けて、自利の菩薩を小樹とし、他利の菩薩を大樹とする。

第六章　授記品

ここで舎利弗に続いて、摩訶迦葉、須菩提、大迦旃延、大目健連の順に、釈迦はこれらの高弟が将来、仏陀になると言う予言（授記）を大衆の前で述べられる。次いで五百人の弟子達にも成仏の保証がなされるのである。

第七章　化城喩品（宝所・化城の譬え）

しかし、真理に到達するまでの道のりは遠くて険しい。挫折せんとする者が多く出る。そこで、それを力づける工夫が述べられる。

釈迦以前の遠い遠い昔に大乗を悟られた『大通智勝仏』も一度では最高の悟りに到達出来なかった。まして衆生は並み大抵の修行では、大乗の境地に到達することはできない。

――譬えば、人跡未踏の密林があったとする。ここを通って、隊商を無事に宝所に導きうる案内人がいる。彼は疲れ果てて引き返そうと言う隊員に、神通力で幻の都城を見せる。案内人は、もう少しの努力で目的地に着けると示唆して、隊員を導く。

この章には、我々庶民の口にもしばしば上り、諸宗派の法要にも聞かれる「誓願」の言葉が、『世尊』を讃える「偈《げ》」として載っている。これも併せて、後に記す。

第八章　五百弟子受記品（衣珠の譬え）

次いでこの章は、富楼那弥多羅尼子（マイトラーヤナ族の女子プールナ。十大弟子の一人。説法第一と称される）及び千二百人の声聞に授記する章である。その時歓喜した五百の阿羅漢《あらかん》（声聞）達は「親友の家で酔って寝ている内に、親友の好意で宝石を着物の中に縫い込まれていた男が、それを知らないで貧しい暮らしで苦労する話」をして、釈迦を讃える。温かい心の親友は世尊であり、自分等は大乗を知らない愚かな求道者であったと嘆くのである。

第九章　授学・無学人記品は、十大弟子の阿難《アナン》と羅喉羅《ラゴラ》、及び学習中あるいは学習の完了した弟子たちの中で二千人に、遠い未来に仏陀になることが出来るという資格が与えられる。

以上で『法華経』の宇宙の統一的真理が明らかにされた訳である。——即ち、高弟らを始めとし「声聞」たちへと及ぶ「授記」が進行するうちに、屢々《るる》として宇宙の真理が述べられ続けるのである。——以下は「菩薩」を中心とする現実世界への実践が説かれることとなる。
『法華経』においては、「声聞」や「縁覚」の二乗の悟りは、自己解脱を目的とする小乗的理解であって、真の悟りは「菩薩」の慈悲の行動を伴う大乗的理解でなければならないとする。——以下、第二十一章まで、慈悲の「菩薩行」が説かれるのである。

第十章　法師品

この章では、仏教の布教の使徒として「薬王菩薩」が登場する。この「菩薩」に対して、釈尊自ら経を広めることの重要さを説き、功徳の大きいことを勧めるのである。

第十一章　見宝塔品

ここで場面は一転して、正に驚天動地の大スペクタクルが出現する。——

釈尊の面前、大会衆の真中に、地中から七宝の塔が涌出するのである。――塔の中には既に多宝如来が坐っている。釈尊は地上から空中のこの塔に座を移し、多宝如来と並んで坐る。と同時に、処方に散在する釈迦の分身仏が来集して、釈迦と一体となる。

多宝如来は、釈尊の過去の姿、即ち「過去仏」であり、これと一緒に坐ったのは、釈尊が久遠の過去から仏陀であったことを示すものである。また、分身仏が集まって釈迦と一体となったのは、この現在の世界に於いて釈迦が「統一仏」であることを表現している。

釈迦即ち仏陀は、この世では弟子や衆生に「授記」して、成仏のライセンスを与えることができるが、釈迦入滅後のこの現世はどうなるかとの疑問に、この章は応えているのである。つまり、釈迦自らは、過去、現在、未来に於いて不滅であり永遠の真理であることを説き、この世における入滅後は、「薬王菩薩」ら多くの求法者たちが中心となって法を広め、大乗への道を真摯に努力するならば、その努力する者はみな成仏すると説いたのである。

第十二章　提婆達多品

提婆達多《デーヴァダッタ》は釈迦の従兄で、釈迦の布教に功績のあった人と言われている。しかし、邪心をおこし却って釈迦を陥れんとする悪事も行ったが、釈迦の慈悲によって結局は救われた。また、竜王の娘も成仏することを説いて、法の功徳を讃えた。

但し、成仏の過程において竜女は一度男に変化したので、ここから後に「女人五障説」が生まれて、特に日本では教義上布教上、女子差別のもととなった。

この章は、後世他から挿入されたものとの説が有力で、第十一章の後半に付加する解釈もある。

第十三章　勧持品

この章で「薬王菩薩」「大楽説菩薩」や二万の眷族達は、あらゆる忍耐力を以てこの汚濁の世に法を護持し布教することを誓う。また五百の修行僧達も大乗の教えを護ることを誓う。

この時、釈迦の育ての義母、もとの妃、及び六千人の出家修行尼達も将来仏陀になるとの保証が与えられ、皆教えの宣布に努力することを誓う。

第十四章　安楽行品

教えの後継者の一人となった「文殊師利菩薩」は、悪世に法を弘めることは多難であるから、初心の修行者は何を心がけて布教すればよいか、を釈迦に聞く。釈迦はそれに対し、身・口・意・誓願の「四安楽行」を実践すれば足りると応える。

「四安楽行」を便宜「身・口・意・誓願」の四つの語句に定義したのは、後の仏教学者乃至は実践者達であるが、第一の「身安楽行」は「行動と交際の範囲を慎重に護れ」との教えである。釈迦はその心得を微細に亘って例示している。第二の「口安楽行」は「他人を非難したり論争をするな」との教え。第三の「意安楽行」は「依怙贔屓するな」第四の「誓願安楽行」は「他人を信仰させるように、悟りを達成させるように仕向けよ」との教えである。――『日連』はこの「安楽行品」を末世の穢土を救済する教えとして、特に重視した。

第十五章　従地涌出品

従来から『法華経』折半説がある。――即ち、始めから第十四章迄を前半とし、ここでは第二章「方便品」を中心として「宇宙の統一的真理」を述べているとする。後半はこの第十五章以下第二十二章迄を言い、ここは第十六章「如来寿量品」を中心として「現実世界への菩薩行」を説いたものとしている。――が、前にも述べた通り、既に第十章「法師品」当たりから、『法華経』の実践「菩薩行」は、説かれ始めていると解釈できる。

さて、ここで再び奇跡が起こる。――他の世界から来た菩薩たちが布教の援助をしましょうかと申し出るのを、釈迦が断ると、たちまち地が裂けて、無数の釈迦の弟子である「菩薩」達が釈迦の面前に現れる。

その「涌地菩薩」の中の首たる上行菩薩・無辺行菩薩・浄行菩薩・安立菩薩の四菩薩は釈迦の身を気遣うが、釈迦は安楽に教化に勤めていることを答える。

その時、娑婆の多くの求道者達は、釈迦が悟りを開いてから四十年にしかならないのに、このような大勢の、しかも年上の菩薩たちを教化したのは不思議であると、弥勒菩薩を代表として疑問を投げ掛けて来た。――

第十六章　如来寿量品（医子の譬え）

そこで釈迦は応える。――即ち、皆よく聞くようにと三度念を押してから「世間のものは今の私・釈迦はシャカ族の宮殿をつい最近出て、修行の上「悟り」を得たもののように考えているが、実は、自分は久しく遠い昔に仏に成っていたのである」と「仏」の永遠性、つまり「仏陀」としての寿命が永遠無量であることを説かれる。

釈迦の永遠性に就いては、既に第十一章「見宝塔品」において「多宝如来」と「釈迦如来」が一体となったことで説示されているが、第十一章では釈迦の真実性に重点がおかれ、この第十六章で完全に永遠性と真理性が共に証明されたと言うことであろう。

釈迦はさらに、巧妙な譬えを以て、菩薩を含む声聞衆に説かれる。――ある有能な医者が外国に行った留守中に、子供達が誤って毒を飲んで苦しんだ。早速医者は帰って良薬を与えて救ったが、毒の廻りの強くて意識のはっきりしない子は薬を飲もうとしない。そこで医者は再び外国へ出掛けた。そして外国で死んだと偽って知らせた。意識の転倒していた息子は、保護者が居なくなったとのショックで意識が恢復した。そして薬を飲んで助かった、と言うのである。――今まで「仏陀」が入滅すると説いてきたのも、衆生が本気で精進する気を起こさせる為の方便であった、と説く。

この章は『法華経』のハイライトとされ、「出家」の日常の勤行や法要には必ず唱和される。（後半の詩頌《じゅ》の部分は「自我偈《じがげ》」と呼ばれ、特によく唱和される）――長くなるが、この章の全部を、別に掲げた。

今、この『法華経』は、釈迦入滅に一番近い晩年に説かれた教えであると考えられている。――因みに、天台「智顗」の「五時説」に依って、釈迦の説法を年代順に記すと、第一華厳時（華厳経）、第二鹿苑時（阿含経）、第三方等時（維摩経）、第四般若時（般若経）、第五法華・涅槃時（法華経、涅槃経）と云うことになっている。

第十七章　分別功徳品

この章の前半は、衆生は仏陀の寿命が永遠であることを知って喜び、仏法を弘布することを誓う。またそれを信ずることの功徳が語られる。

またこの功徳が十二段階に分別されて、弥勒菩薩を始めとする弟子達が、久遠仏として未来にも成仏できることが授記されるのである。

さて、この章の後半以降、最終章に至るまでは、専ら法の流通、つまり布教に関することが教示される。

この章では、法の功徳を「現在の四信」と「滅後の五品」とに分けて述べている。

即ち、「現在の四信」とは、仏の長寿を聞いて信仰に入る段階から、更に経を聞き、経を書写し、供養して次第に信仰を深めて行けば、仏の久遠と本土の常住が叶えられる、そのような信仰の諸段階を言い、「滅後の五品」とは、滅後この経を聞けば既に深い信仰心の信証を得たことになり、更に自ら読誦し受持すれば寺塔を建てたり衆僧を供養する必要はない。更に積極的に読誦や書写をし、衆僧を供養すれば、釈迦と同じ涅槃に到達できる、等の功徳の諸段階に分けて述べている。

第十八章　随喜功徳品は、前章の「滅後の五品」について、その功徳を「弥勒菩薩」に、さらに詳しく述べる章である。

第十九章　法師功徳品は、法の修行者にして『法華経』を受持し、読み、誦し、解説し、書写する者の得る功徳を釈迦が「常精進菩薩」に説明して、布教を勧める章である。――この五種の「因」の修行に対して「果」としての「六根（眼・耳・鼻・舌・身・意）清浄」の功徳が与えられる。

次いで、**第二十章　常不軽菩薩品**では、「常不軽菩薩」の故事を示して、『法華経』の修行者を貶す者の受ける罪報と、護持する者の享ける功徳を、「得大勢菩薩」に語る章である。

第二十一章　如来神力品

この章から終わりの第二十八章までは、仏陀が自ら亡きあと、それぞれの菩薩にしっかりと布教を委嘱する部分である。――

この第二十一章では、文殊等の地涌の菩薩達に対し、自ら釈迦如来の大神力を示して、布教の功徳を勧め、**第二十二章嘱累品**では、大衆全般に対して布教を委嘱するのである。**第二十三章薬王菩薩本事品**では、特に薬王菩薩のかつての焼身を伴う苦行を説示して、修行者達を勇気付ける。

第二十四章　妙音菩薩品と、**第二十五章　観世音菩薩普門品**では、両菩薩が修行により得た三昧の境地を以て、苦難の衆生を救うことが説かれている。この第二十五章は、後世外から『法華経』に挿入されたものとの説が有力であるが、現在もこの章は特に『観音経』として一般に親しまれ、観音菩薩は現世利益をもたらすものとして大衆に信仰されている。

第二十六章　陀羅尼品は、教えを説く者の受ける災難が、呪文（陀羅尼《ダラニ》）によって護られることを示している。

第二十七章　妙荘厳王本事品は、外道のバラモンの法に執着している王を夫人と子供が正しい「善知識」によって開眼させる話である。

第二十八章　普賢菩薩勧発品

ここで最終章に至る。——遙か東方の国で釈迦の説法を聞いていた「普賢菩薩」が無数の菩薩を帯同して来迎し、改めて釈迦如来の滅後にどうして『法華経』を弘めるかを訊ねて来た。

釈迦はそれに応じて、今までの説示を要約して、(一) この法が諸仏に護られ、(二) 大衆の徳の本となり、(三) 解脱の道を体得し、(四) 衆生済度の心を起こす四つの法を成就すれば、自分の滅後も必ず『法華経』は弘布するであろうと説明された。

そこで「普賢菩薩」は感激して、末代までこの法を護ることを誓った。——それを聞いて、釈迦も満足し、いよいよ最後に『法華経』の功徳を釈迦が賛美して、大団円となる。

——大衆は皆歓喜して、釈迦に敬礼し、グリドラクータ(霊鷲山)を後にした。

以上、比較的詳しく各章にわたって解説を試みた。前半は壮大なパノラマを演出して仏陀が過去・現在・未来を通じて永遠の心理であることを示し、後半はその理想郷の実現の為に我々が如何に教えを護り諸仏を供養し、如何に仏陀の道に献身するかの実践論が説かれている。

『法華経』

後秦、亀茲国三蔵法師、鳩摩羅什、奉詔訳――

『方《ほう》便《べん》品《ぼん》第《だい》二《に》』

爾《に》時《じ》世《せ》尊《そん》。従《じゅう》三《さん》昧《まい》安《あん》詳《じょう》而《に》起《き》。告《ごう》
舎《しゃ》利《り》弗《ほつ》。諸《しょ》佛《ぶつ》智《ち》恵《え》。甚《じん》深《じん》無《む》量《りょう》。
其《ご》智《ち》恵《え》門《もん》。難《なん》解《げ》難《なん》入《にゅう》。一《いっ》切《さい》聲《しょう》聞《もん》。
辟《ひゃく》支《し》佛《ぶつ》。所《しょ》不《ふ》能《のう》知《ち》。所《しょ》以《い》者《しゃ》何《が》。

『第二章　方便品』

その時、世尊は禅定の三昧境から覚め、安らかに落ち着いて起ちあがり、舎利弗に、次のように述べられた。――

諸仏の知恵は、甚だ深くて無量である。その知恵の門は覚り難く入り難い。だから、総ての声聞（ただ教えを聞くだけの人。小乗の信奉者）や辟支仏（独覚、または縁覚ともいう。仏の指導によらないで独りで悟り、孤独の生活をしている行者）には能く知ることが出来佛曾親近《ぶつぞうしんごん》。百千万億《ひゃくせんまんのく》。無数諸佛《むしゅしょぶつ》。
盡行諸佛《じんぎょうしょぶつ》。無量道法《むりょうどうほう》。勇猛精進《ゆうみょうしょうじん》。
名稱普聞《みょうしょうふもん》。成就甚深《じょうじゅじんじん》。未曾有法《みぞううほう》。
随宜所説《ずいぎしょせつ》。意趣難解《いしゅなんげ》。
舎利弗《しゃりほつ》。吾従成佛《ごじゅうじょうぶつ》已来《いらい》。種種因《しゅじゅいん》
縁《ねん》。種種譬喩《しゅじゅひゆ》。廣演言教《こうえんごんきょう》。無數《むしゅ》
方便《ほうべん》。引導衆生《いんどうしゅじょう》。令離諸著《りょうりしょぢゃく》。所《しょ》
以者何《いしゃが》。

ないのである。――それは何故であるか。

それは、仏はすでに百千万億の無数の諸仏に親近して教えを聴き、諸仏のなさった修行を悉く行い、あらゆる気力を振るい立たせて精進を重ねられた結果、その立派な名声はあまねく伝わり、深い未曾有の法力に達しられたのである。その深い境地を、適宜に説いておられるのであるから、仏の意趣を理解することは、極めて困難なのである。

舎利弗よ。私も成仏して以来、種々の因縁の話、種々の比喩話を以て、広く教えを述べ、無数の「方便」をもって衆生を導き、色々な執着から彼らを離れさせて来た。――それは一体何故であるか。

如來方便《にょらいほうべん》。知見波羅蜜《ちけんはらみつ》。皆已具《かいいぐ》足《そく》。舍利弗《しゃりほつ》。如來知見《にょらいちけん》。廣大深《こうだいじん》遠《のん》。無量無礙《むりょうむげ》。力《りき》。無所畏《むしょい》。禪《ぜん》定《じょう》。解脱《げだつ》。三昧《さんまい》。深入無際《じんにゅうむさい》。成《じょう》就一切《じゅいっさい》。未曾有法《みぞううほう》。舍利弗《しゃりほつ》。如《にょ》來能種種分別《らいのうしゅじゅふんべつ》。巧説諸法《ぎょうせつしょほう》。言辭《ごんじ》柔軟《じゅうなん》。悦可衆心《えっかしゅしん》。舍利弗《しゃりほつ》。取要《しゅよう》言之《ごんし》。無量無邊《むりょうむへん》。未曾有法《みぞううほう》。佛《ぶっ》

如来（仏と同じ）は、偉大にして巧妙な手段と完璧な知識見識の完成を、すでに兼ね具えておられるからである。舍利弗よ。如来の知見は広大・深遠で、無量無碍・法力・無所畏（法を説くに畏れ無し）・禅定・解脱・三昧の徳を備え、深く無限の境地に入り、一切の未曾有の法力を成就しておられる。

舍利弗よ。その上如来は、すべての事象を種々に分別し、そこに存する色々の法を巧みに説く能力をもっておられる。言葉は柔軟で解かり易く、衆生を心から悦び満足せしめられる。舍利弗よ。一言にしてこれを要約すれば、如来達は無量無辺の未曾有の法を体得成就しておられると言うことなのだ。――舍利弗よ。これ以上何も言うことは出来ない。

悉成就《しつじょうじゅ》。止《し》。舎利弗《しゃりほつ》。不須復説《ふしゅぶせつ》。所以者何《しょいしゃが》。佛所成就《ぶっしょじょうじゅ》。第一希有《だいいちけう》。難解之法《なんげしほう》。唯佛與佛《ゆいぶつよぶつ》。乃能究盡《ないのうくじん》。諸法實相《しょほうじっそう》。所謂諸法《しょいしょほう》。如是相《にょぜそう》。如是性《にょぜしょう》。如是體《にょぜたい》。如是力《にょぜりき》。如是作《にょぜさ》。如是因《にょぜいん》。如是縁《にょぜえん》。如是果《にょぜか》。如是報《にょぜほう》。如是本末究竟等《にょぜほんまつくきょうとう》。

〔以下省略〕

その理由を重ねて言うならば、仏のよく成就到達された境地は、最高の希有なる難解の法であって、ただ仏と仏との間においてのみ、あらゆる現象の本質を究めておられるからである。

即ち、あらゆる存在の、ありの儘の相（形相）・性（特性）・体（本質）・力（能力）・作（作用）・因（事物が生ずる直接の原因）・縁（事物が生ずる間接の原因）・果（因に対する結果）・報（報いとしての結果）・本末究竟等（始めの相より末の報までが、みな平等であること。つまり以上の諸現象の価値に上下大小はないこと）を、仏たちは総て究め尽くしておられるのである。

〔以下省略〕

『譬喩品第三』

「偈」之一部

三界無安《さんがいむあん》　猶如火宅《ゆにょかたく》

衆苦充満《しゅくじゅうまん》　甚可怖畏《じんかふい》

常有生老《じょううしょうろう》　病死憂患《びょうしうけん》

如是等火《にょぜとうか》　熾然不息《しねんふそく》

如来已離《にょらいいり》　三界火宅《さんがいかたく》

寂然閑居《じゃくねんげんこ》　安処林野《あんしょりんや》

『第三章　譬喩品』

「詩頌」の一部

三界は安きこと無く　なお火宅の如し。

衆苦は充満して　甚だ怖畏すべく、

常に生・老　病・死の憂患有りて、

かくの如き等の火は　熾然として息《や》まざるなり。

如来は已に　三界の火宅を離れて、

寂然として閑居し　林野に安らかに処せり。

今此三界《こんしさんがい》　皆是我有《かいぜがう》

其中衆生《ごちゅうしゅじょう》　悉是吾子《しつぜごし》

而今此処《にこんししょ》　多諸患難《たしょげんなん》

唯我一人《ゆいがいちにん》　能為救護《のういくご》

いま、この三界は　皆、これ我が有なり。

その中の衆生は　悉くこれ吾が子なり。

しかも今、この処は　諸々の患難多く、

ただ我一人のみ　能く救護をなす。

『化城喩品第七』

「偈」之一部

善《ぜん》哉《ざい》見《けん》諸《しょ》佛《ぶつ》　救《く》世《せ》之《し》聖《しょう》尊《そん》
能《のう》於《お》三《さん》界《がい》獄《ごく》　勉《めん》出《すい》諸《しょ》衆《しゅ》生《じょう》
普《ふ》智《ち》天《てん》人《にん》尊《そん》　愍《みん》哀《あい》群《ぐん》萌《みょう》類《るい》
能《のう》開《かい》甘《かん》露《ろ》門《もん》　廣《かい》度《ど》於《お》一《いっ》切《さい》
於《お》昔《しゃく》無《む》量《りょう》劫《こう》　空《くう》過《か》無《む》有《う》佛《ぶつ》
世《せ》尊《そん》未《み》出《しゅつ》時《じ》　十《じっ》方《ぽう》常《じょう》闇《あん》瞑《みょう》

『第七章　化城喩品』

「詩頌」の一部

善い哉、諸仏　救世の聖尊を見奉るに
よく三界の獄より　勉めて諸々の衆生を出し給う。
仏陀は　多くの民の類を憐れみて
能く涅槃に入る門を開き　広く一切を救い給う。
昔より無量劫は　空しく過ぎて仏は在すことなし。
世尊の未だ出で給わざりし時　十方は常に暗くして

三《さん》悪《あく》道《どう》増《ぞう》長《じょう》　阿《あ》脩《しゅ》羅《ら》亦《やく》盛《じょう》
諸《しゅ》天《てん》衆《じゅ》轉《てん》減《げん》　死《し》多《た》堕《だ》悪《あく》道《どう》
不《ふ》従《じゅう》佛《ぶつ》聞《もん》法《ぼう》　常《じょう》行《ぎょう》不《ふ》善《ぜん》事《じ》
色《しき》力《りき》及《ぎゅう》智《ち》慧《え》　斯《し》等《とう》皆《かい》減《げん》少《しょう》
罪《ざい》業《ごう》因《いん》縁《えん》故《こ》　失《しつ》樂《らく》及《ぎゅう》樂《らく》想《そう》
住《じゅう》於《お》邪《じゃ》見《けん》法《ぼう》　不《ふ》識《しき》善《ぜん》儀《ぎ》則《そく》
不《ふ》蒙《む》佛《ぶつ》所《しょ》化《け》　常《じょう》堕《だ》於《お》悪《あく》道《どう》
佛《ぶっ》爲《ち》世《せ》間《けん》眼《げん》　久《く》遠《おん》時《じ》乃《ない》出《しゅつ》

三悪道は増長し　阿修羅（鬼神）もまた盛なり。
諸々の天衆は転《うた》た減じ　死して多く悪道に堕つ。
仏より法を聞かずして　常に不善の事を行い
色力及び智恵　これ等は皆、減少す。
罪業の因縁の故に　楽と楽の想いを失い
邪見の法に住んで　善の法則を知らず
仏の所化を蒙らずして　常に悪道に堕つ。
仏は世間の眼となりて　久遠の時に乃《いま》し出で給う。

哀《あい》愍《みん》諸《しょ》衆《しゅう》生《じょう》　故《こ》現《げん》於《の》世《せ》間《けん》
超《ちょう》出《しゅつ》成《じょう》正《しょう》覺《がく》　我《が》等《とう》甚《じん》欣《ごん》慶《きょう》
及《ぎゅう》餘《よ》一《いっ》切《さい》衆《しゅ》　喜《き》歎《たん》未《み》曾《ぞう》有《う》
我《が》等《とう》諸《しょ》宮《きゅう》殿《でん》　蒙《む》光《こう》故《こ》嚴《ごん》飾《じき》
今《こん》以《に》奉《ぶ》世《せ》尊《そん》　唯《ゆい》垂《すい》哀《あい》納《のう》受《じゅ》
『願《がん》以《に》此《し》功《く》徳《どく》　普《ふ》及《ぎゅう》於《お》一《いっ》切《さい》
我《が》等《とう》與《よ》衆《しゅ》生《じょう》　皆《かい》共《ぐ》成《じょう》佛《ぶつ》道《どう》』

諸々の衆生を哀愍し給うが故に　世間に現れ
超出して正覚を成じ給う。　我等は甚だ慶び
そして他の一切の衆も　喜びて未曾有なるを歎ず。
我等の諸の宮殿は　光を蒙るが故に厳飾されたり。
今、以て世尊に奉る　唯哀みを垂れて納受し給え。
『願わくはこの功徳をもって　普く一切に及ぼし
我等と衆生と　共に仏道を成ぜん』

『如来寿量品第十六《にょらいじゅりょうほんだいじゅうろく》』

爾《に》時《じ》佛《ぶつ》告《ごう》諸《しょ》菩《ぼ》薩《さつ》。及《ぎゅう》一《いっ》切《さい》大《だい》衆《しゅう》。諸《しょ》善《ぜん》男《なん》子《し》。汝《にょ》等《とう》當《とう》信《しん》解《げ》。如《にょ》来《らい》誠《じょう》諦《たい》之《し》語《ご》。復《ぶ》告《ごう》大《だい》衆《しゅう》。汝《にょ》等《とう》當《とう》信《しん》解《げ》。如《にょ》来《らい》誠《じょう》諦《たい》之《し》語《ご》。又《う》復《ぶ》告《ごう》諸《しょ》大《だい》衆《しゅう》。汝《にょ》等《とう》當《とう》信《しん》解《げ》。如《にょ》来《らい》誠《じょう》諦《たい》之《し》語《ご》。

是《ぜ》時《じ》菩《ぼ》薩《さつ》大《だい》衆《しゅう》。彌《み》勒《ろく》爲《い》首《しゅ》。合《がっ》掌《しょう》白《びゃく》佛《ぶつ》言《ごん》。世《せ》尊《そん》。唯《ゆい》願《がん》説《せっ》之《し》。我《が》等《とう》

第十六章　如来寿量品

この時、仏陀は諸々の菩薩や一切の大衆にお告げになった。「諸々の善男子よ。あなた達は、当に如来（私）の真実の言葉を信頼しなさい」と。また、大衆にお告げになった。「あなた達は、当に如来の真実の言葉を信頼しなさい」と。そして更に、諸々の大衆にお告げになった。「あなた達は、当に如来の真実の言葉を信頼しなさい」と。

そこで菩薩さま達は、弥勒菩薩を先頭にして、合掌して仏陀にこう申し上げた。「世尊よ。どうかその訳をお話しください。我等は当に如来の語られたことを信頼するでしょう」と。――このように三たび申し終わっ

當信受佛語《とうしんじゅぶつご》。如是三白已《にょぜさんびゃくい》。復言《ぶごん》。唯願説之《ゆいがんせっし》。我等當信受佛語《がとうとうしんじゅぶつご》。爾時世尊《にじせそん》。知諸菩薩《ちしょぼさつ》。三請不止《さんしょうふし》。而告之言《にごうしごん》。汝等諦聴《にょとうたいちょう》。如来秘密《にょらいひみつ》。神通之力《じんづうしりき》。一切世間《いっさいせけん》。天人《てんにん》。及《ぎゅう》阿脩羅《あしゅら》。皆謂今釋迦牟尼佛《かいいこんしゃかむにぶつ》。出《しゅつ》釋氏宮《しゃくしぐう》。去伽耶城不遠《こがやじょうふおん》。坐於道《ざおどう》場《じょう》。得阿耨多羅三藐三菩提《とくあのくたらさんみゃくさんぼだい》。然《ねん》

て、また言った。「どうかその訳をお話しください。我等は本当に如来の語られたことを信頼するでありましょう」と。

そこで仏陀は、諸々の菩薩達が三度までも懇請して止まないのを知り、彼らに以下のようにお告げになった。

「皆さん。よく聞きなさい。如来の神秘力、即ち秘密・神通の力を。――神・人間・鬼神を含めて一切の世間は、皆、今の釈迦牟尼仏はシャカ族の王家から出家し、ガヤ城郊外の道場で座禅して『最高の悟り』を得たのだと思っている。然し皆さん、実は私は成仏して以来既に、無量幾千万億・劫という多くの時間が経過しているのである。

〔注〕「阿耨多羅三藐三菩提」は梵語で「アヌッタラ・サ

法華経

善《ぜん》男《なん》子《し》。我《が》實《じつ》成《じょう》佛《ぶつ》已《い》來《らい》。無《む》量《りょう》無《む》邊《へん》。百《ひゃく》千《せん》万《まん》億《のく》。那《な》由《ゆ》他《た》劫《こう》。譬《ひ》如《にょ》五《ご》百《ひゃく》千《せん》万《まん》億《のく》。那《な》由《ゆ》他《た》。阿《あ》僧《そう》祇《ぎ》。三《さん》千《ぜん》大《だい》千《せん》世《せ》界《かい》。假《け》使《し》有《う》人《にん》。抹《まっ》爲《ち》微《み》塵《じん》。過《か》於《お》東《とう》方《ぼう》。五《ご》百《ひゃく》千《せん》万《まん》億《のく》。那《な》由《ゆ》他《た》。阿《あ》僧《そ》祇《ぎ》國《こく》。乃《ない》下《げ》一《いち》塵《じん》。如《にょ》是《ぜ》東《とう》行《ぎょう》。盡《じん》是《ぜ》微《み》塵《じん》。諸《しょ》善《ぜん》男《なん》子《し》。於《お》意《い》云《うん》何《が》。是《ぜ》諸《しょ》世《せ》界《かい》。可《か》得《とく》思《し》惟《ゆい》

ムヤク・サンボーディ」のこと。『最高の悟り』の境地を言う。

——これを譬えて言えば、五百・千万億という無限の三千大千世界を、仮にある人が擦り潰して微塵《みじん》とし、東方の五百・千万億という無限の国々を越えて行き、その微塵の一粒を捨てるとしよう。

〔注〕「那由他」は千億。「劫」は最長時間の単位。「阿僧祇」は無量・無数を意味する。

このように東に行って、この微塵を捨て尽くすとした場合、あなたがたはどう考えるか。

——このような世界の微粒子の数を、誰が推測したり、比較したり、計算したりすることができようか」と。

校計《きょうけ》。知其數不《ちごしゅふ》。
彌勒菩薩等《みろくぼさつとう》。俱白佛言《くびゃくぶつごん》。世尊《せそん》。
是諸世界《ぜしょせかい》。無量無邊《むりょうむへん》。非算數所《ひさんじゅしょ》
知《ち》。亦非心力所及《やくひしんりきしょぎゅう》。一切聲聞《いっさいしょうもん》。
辟支佛《ひゃくしぶつ》。以無漏智《いむろち》。不能思惟《ふのうしゆい》。
知其限數《ちごげんしゅ》。我等住《がとうじゅう》。阿惟越致地《あゆいおっちじ》。
於是事中《おぜじちゅう》。亦所不達《やくしょふだつ》。世尊《せそん》。如《にょ》
是諸世界《ぜしょせかい》。無量無邊《むりょうむへん》。

弥勒菩薩らは、共に仏陀に申しあげた。「世尊よ。この諸々の世界は無量・無辺で、計算することもできず、また心の届く範囲を越えております。――総ての声聞や独覚たちでも、彼らの神聖な智恵で推測したり計算し尽くすことは出来ません。我（菩薩）等は『不退転の地位』に就いては居りますが、この点に関しては、全く心の働く余地はございません。世尊よ。何れにせよ、このような諸々の世界は、無量無辺で我々には知り得ないのであります」と。

〔注〕「阿惟越致地」は、梵語「アウニワルタニア」の音訳。仏になることが決定している地位を言う。

爾《に》時《じ》佛《ぶつ》告《ごう》。大《だい》菩《ぼ》薩《さっ》衆《しゅう》。諸《しょ》善《ぜん》男《なん》子《し》。今《こん》當《とう》分《ふん》明《みょう》。宣《せん》言《ご》汝《にょ》等《とう》。是《ぜ》諸《しょ》世《せ》界《かい》。若《にゃく》著《ぢゃく》微《み》塵《じん》。及《ぎゅう》不《ふ》著《ぢゃく》者《しゃ》。盡《じん》以《に》爲《い》塵《じん》。一《いち》塵《じん》一《いっ》劫《こう》。我《が》成《じょう》佛《ぶつ》已《い》來《らい》。復《ぶ》過《か》於《お》此《し》。百《ひゃく》千《せん》万《まん》億《のく》。那《な》由《ゆ》他《た》。阿《あ》僧《そう》祇《ぎ》劫《こう》。自《じ》從《じゅう》是《ぜ》來《らい》。我《が》常《じょう》在《ざい》此《し》。娑《しゃ》婆《ば》世《せ》界《かい》。説《せっ》法《ぽう》教《きょう》化《け》。亦《やく》於《お》餘《よ》處《しょ》。百《ひゃく》千《せん》万《まん》億《のく》。那《な》由《ゆ》他《た》。阿《あ》僧《そう》祇《ぎ》

そこで其時、仏陀は大菩薩衆に以下の如くお告げになった。――

諸々の善男子よ。それでは今、あなた達に明瞭に告げ知らせよう。――この諸々の世界において、かの人が微粒子を捨てたにせよ捨てなかったにせよ、悉くを以て塵となし、一つの塵を以て一劫の時を経たとしよう。――私は成仏してよりこの方、これらの時を超えること、百千万億・那由他・阿僧祇・劫に及んでいるのである。

それより以来、私は常にこの娑婆世界に在って、法を説いて教化し、また余所の百千万億・那由他・阿僧祇の遠く離れた国においても、衆生を導き利益《りやく》を与えてきた。

國《こく》。導利《どうり》衆生《しゅじょう》。諸《しょ》善男子《ぜんなんし》。於是《おぜ》
中間《ちゅうげん》。我説《がせつ》燃燈佛等《ねんどうぶっとう》。又復《うぶ》言其《ごんご》。
入於《にゅうお》涅槃《ねはん》。如是《にょぜ》皆以《かいい》。方便《ほうべん》分別《ふんべつ》。
諸《しょ》善男子《ぜんなんし》。若有《にゃくう》衆生《しゅじょう》。來至《らいし》我所《がしょ》。
我以《がい》佛眼《ぶつげん》。観其《かんご》信等《しんとう》。諸根《しょこん》利鈍《りどん》。
随所《ずいしょ》應度《おうど》。處處《しょしょ》自説《じせつ》。名字《みょうじ》不同《ふどう》。
年紀《ねんき》大小《だいしょう》。亦復《やくぶ》現言《げんごん》。當入《とうにゅう》涅槃《ねはん》。
又以《うい》種種《しゅじゅ》方便《ほうべん》。説《せつ》微妙法《みみょうほう》。能令《のうりょう》

諸々の善男子よ。その間に於いて、私は「燃燈仏」等であると説いたり、またその仏は涅槃に入ったと説明したりした。かくの如きは皆、方便（巧妙な手段）を用いて教えを説いたものである。

諸々の善男子よ。もし或る衆生がいて私の所に来たとすれば、私は仏眼をもって、その人の五根（信・勤・念・定・恵）が鋭いか鈍いかを見分け、済度すべきところに随って対応し、処々に応じて私自らの称名を変え、寿命の長短を説き、また必要と思えば、まさに涅槃に入ると言ってそれを示現してみせた。又、種々の方便をもって微妙の法を説いて、よく衆生をして歓喜の心を起こさしめた。

衆生《しゅじょう》。發歡喜心《ほっかんぎしん》。諸善男子《しょぜんなんし》。如《にょ》來見諸衆生《らいけんしょしゅじょう》。樂於小法《ぎょうおしょうぼう》。徳薄垢《とくはっく》重者《じゅうしゃ》。爲是人説《いぜにんせつ》。我少出家《がしょうしゅっけ》。得《とく》阿耨多羅三藐三菩提《あのくたらさんみゃくさんぼだい》。然我實成《ねんがじつじょう》佛已來《ぶついらい》。久遠若斯《くおんにゃくし》。但以方便《たんにほうべん》。教化衆生《きょうけしゅじょう》。令入佛道《りょうにゅうぶつどう》。作如是説《さにょぜせつ》。諸善男子《しょぜんなんし》。如来所演經典《にょらいしょえんきょうでん》。皆爲《かいい》度脱衆生《どだっしゅじょう》。或説己身《わくせつこしん》。或説他身《わくせったしん》。

諸々の善男子よ。如来は、小乗信徒の善根薄く煩悩多き者を見ては、この人のために、私は若くして出家して『完全な悟り』の境地を得たと説くのである。

然るに、私は実に成仏して以来、久遠なること、以上述べた通りである。但し、その間、方便を以て衆生を教化し、仏道に入らしめんがためにのみ、かくの如き説を唱えたのである。

諸々の善男子よ。如来の説くところの経典は、全て衆生を救済せんがためである。即ち、或いは己が身の因縁を説き、或いは他の因縁或《わく》示《じ》己《こ》身《しん》。或《わく》示《じ》他《た》身《しん》。或《わく》示《じ》己《こ》事《じ》。
或《わく》示《じ》他《た》事《じ》。諸《しょ》所《しょ》言《ごん》説《せつ》。皆《かい》實《じつ》不《ふ》虚《きょ》。
所《しょ》以《い》者《しゃ》何《が》。如《にょ》来《らい》如《にょ》實《じつ》知《ち》見《けん》。三《さん》界《がい》
之《し》相《そう》。無《む》有《う》生《しょう》死《じ》。若《にゃく》退《たい》若《にゃく》出《しゅつ》。亦《やく》
無《む》在《ざい》世《せ》。及《ぎゅう》滅《めつ》度《ど》者《しゃ》。非《ひ》實《じつ》非《ひ》虚《こ》。
非《ひ》如《にょ》非《ひ》異《い》。不《ふ》如《にょ》三《さん》界《がい》。見《けん》於《の》三《さん》界《がい》。
如《にょ》斯《し》之《し》事《じ》。如《にょ》来《らい》明《みょう》見《けん》。無《む》有《う》錯《しゃく》謬《みょう》。
以《い》諸《しょ》衆《しゅ》生《じょう》。有《う》種《しゅ》種《じゅ》性《しょう》。種《しゅ》種《じゅ》欲《よく》。

を説き、或いは己が分身を示し、或いは他仏の分身を示し、或いは己が事蹟を示し、他仏の事蹟を示す等、諸々の事を語ってきたが、これらは皆、真実であって虚言ではない。

それは何故であるか。——如来は、この三界の真実の相《すがた》を次のように見抜いているからである。

即ち、その実相は、生まれることも無く、死ぬこともなく、若しくは退没することも無く、出生することも無い。また世に在るものも無く、滅度する者も無い。つまりその真実の相は、実にも非ず、虚にも非ず、如にも非ず、異にも非ざることを、如来は既に知見していて、三界の凡夫が三界を見るが如くではないからである。このように事相を、如来は明らかに見通して誤ることは無い。

法華経

種種行《しゅじゅぎょう》。種種憶想《しゅじゅおくそう》。分別故《ぶんべっこ》。欲《よく》令生諸善根《りょうしょうしょぜんこん》。以若干因縁《いにゃっかんいんねん》。譬喩《ひゆ》言辭《ごんじ》。種種説法《しゅじゅせっぽう》。所作佛事《しょさぶつじ》。未《み》曾暫廢《ぞうざんぱい》。如是我成佛已來《にょぜがじょうぶついらい》。甚大《じんだい》久遠《くおん》。壽命無量《じゅみょうむりょう》。阿僧祇劫《あそうぎこう》。常《じょう》住不滅《じゅうふめつ》。諸善男子《しょぜんなんし》。我本行菩薩《がほんぎょうぼさつ》道《どう》。所成壽命《しょじょうじゅみょう》。今猶未盡《こんゆうみじん》。復倍《ぶばい》上數《じょうしゅ》。然今非實滅度《ねんこんひじつめつど》。而便唱言《にべんしょうごん》。

諸々の衆生には、色々の過去の習性があり、色々の願望があり、色々の業行があり、色々の過去の縁の追憶や分別があるが故に、諸々の善根を生ぜしめんと欲して、私は若干の因縁・比喩・言辞をもって、種々に法を説き、作すべき仏事を未だ曾つて一度も蔑ろにしたことはない。——このように、私は成仏してよりこの方、甚だ久遠で、寿命は無量・無限で、常にここに住して不滅なのである。

諸々の善男子よ。私が本来、菩薩の道を行じて得たところの寿命は、今もなお尽きない。それどころか、今迄の数に倍するくらいである。——然るに、今真実の滅度ではないけれど、便宜上唱えて『いま当に滅度に入らんとする』と言う。——如来というのは、このよ

當《とう》取《しゅ》滅《めつ》度《ど》。如《にょ》来《らい》以《い》是《ぜ》方《ほう》便《べん》。教《きょう》化《け》
衆《しゅ》生《じょう》。所《しょ》以《い》者《しゃ》何《が》。若《にゃく》佛《ぶつ》久《く》住《じゅう》於《お》世《せ》。
薄《はく》徳《とく》之《し》人《にん》。不《ふ》種《しゅ》善《ぜん》根《こん》。貧《びん》窮《ぐ》下《げ》賤《せん》。
貪《とん》著《じゃく》五《ご》欲《よく》。入《にゅう》於《お》憶《おく》想《そう》。妄《もう》見《けん》網《もう》中《ちゅう》。
若《にゃっ》見《けん》如《にょ》来《らい》。常《じょう》在《ざい》不《ふ》滅《めつ》。便《べん》起《き》憍《きょう》恣《し》。
而《に》懐《え》厭《えん》怠《だい》。不《ふ》能《のう》生《しょう》於《お》。難《なん》遭《ぞう》之《し》想《そう》。
恭《く》敬《ぎょう》之《し》心《しん》。是《ぜ》故《こ》如《にょ》来《らい》。以《い》方《ほう》便《べん》説《せつ》。
比《び》丘《く》當《とう》知《ち》。所《しょ》佛《ぶっ》出《しゅっ》世《せ》。難《なん》可《か》値《ち》

うな方便を以て、衆生を教化するのである。

それは何故であるか。――若し、仏が久しくこの世に住んでいるならば、薄い徳の人は善根を培わず、心が貧窮・下賤にして、五欲に執着し、想いは妄念の柵《しがらみ》に捕らわれてしまうからである。

若し、如来は常に在りて滅せずと見れば、直ちに驕慢・恣意の心を生じ、怠惰の念を懐くこととなり、仏に遭い難い想いと仏を恭敬する心を生ずることが出来ないであろう。

この故に如来は、方便を以て『比丘よ。当に諸仏の出世に遭遇するのは難しい』と説くのである。

遇《ぐ》。所以者何《しょいしゃが》。諸薄徳人《しょはくとくにん》。過無《かむ》量百千万億劫《りょうひゃくせんまんのっこう》。或有見佛《わくうけんぶつ》。或不《わくふ》見者《けんしゃ》。以此事故《いしじこ》。我作是言《がさぜごん》。諸《しょ》比丘《びく》。如来難可得見《にょらいなんかとっけん》。斯衆生等《ししゅじょうとう》。聞如是語《もんにょぜご》。必當生於《ひっとうしょうお》。難遭之想《なんぞうしそう》。心懐戀慕《しんねれんぼ》。渇仰於佛《かつごうおぶつ》。便種善根《べんしゅぜんごん》。是故如来《ぜこにょらい》。雖不實滅《すいふじつめつ》。而言滅度《にごんめつど》。又善男子《うぜんなんし》。諸佛如来《しょぶつにょらい》。法皆如是《ほうかいにょぜ》。

それは何故かと言えば――諸々の徳の薄い人の中には、無量・百千万億・劫の無限を過ぎても、仏を見る者もあれば、見ない者もあるからである。この事あるが故にこそ、私は言うのである。『諸々の比丘よ。如来に遇うことは難しいことである』と。

この衆生達は、私のこのような言葉を聞いて、必ずまさに仏に遇い難い想いを生じ、心に恋慕の情を懐き、仏を渇仰して、直ちに善根を培うであろう。

この故に如来は、実際は滅しないにも拘らず、しかも滅度すると言うのである。又、善男子よ。諸々の仏・如来の法は、皆これと同じである。つまり、衆生を救うが為であるから、全て真実であって虚偽ではないのである。

爲《い》度《ど》衆《しゅ》生《じょう》。皆《かい》實《じつ》不《ふ》虛《こ》。
譬《ひ》如《にょ》良《ろう》醫《い》。智《ち》慧《え》聡《そう》達《だつ》。明《みょう》練《れん》方《ほう》藥《やく》。
善《ぜん》治《じ》衆《しゅ》病《びょう》。其《ご》人《にん》多《た》諸《しょ》子《し》息《そく》。若《にゃく》
十《じゅう》。二《に》十《じゅう》。乃《ない》至《し》百《ひゃく》數《しゅ》。以《い》有《う》事《じ》縁《えん》。
遠《おん》至《し》餘《よ》國《こく》。諸《しょ》子《し》於《お》後《ご》。飲《おん》他《た》毒《どく》藥《やく》。
藥《やく》發《ほつ》悶《もん》乱《らん》。宛《えん》轉《でん》于《う》地《ぢ》。是《ぜ》時《じ》其《ご》父《ぶ》。
還《げん》來《らい》歸《き》家《け》。諸《しょ》子《し》飲《おん》毒《どく》。或《わく》失《しつ》本《ほん》心《しん》。
或《わく》不《ふ》失《しっ》者《しゃ》。遙《よう》見《けん》其《ご》父《ぶ》。皆《かい》大《だい》歡《かん》喜《ぎ》。

譬えて言えば、或る良医がいて、智恵は聡く、薬の処方が上手で、よく衆の病気を治していたとしよう。

その医者には多くの子息があって、十人か二十人、或いは百人を数えるほど居たとしよう。――或る時、縁者の求めに応じて、遠くの他国へ赴いた。

その留守中、諸々の子息達が、他の毒薬を飲んで当たった。彼らは悶え苦しみ、地上をのたうち廻った。この時、その父が旅行から還ってきた。諸々の子息達は毒を飲んで、或る者は意識を失い、或るものは意識が残っていた。彼らは遙かに父を見て、皆大いに歓喜し、跪いて父に問い願った。

『よく安穏にお帰りなさいました。我等は愚拜跪問訊《はいきもんじん》。善安穩歸《ぜんなんのんき》。我等愚疑《がとうぐち》。
誤服毒藥《ごぶくどくやく》。願見救療《がんけんくりょう》。更賜壽命《きょうしじゅみょう》。
父見子等《ぶけんしとう》。苦惱如是《くのうにょぜ》。依諸經方《えしょきょうぼう》。
求好藥草《ぐこうやくそう》。色香美味《しきこうみみ》。皆悉具足《かいしつぐそく》。
擣篩和合《とうしわごう》。與子令服《よしりょうぶく》。而作是言《にさぜごん》。
此大良藥《しだいろうやく》。色香美味《しきこうみみ》。皆悉具足《かいしつぐそく》。
汝等可服《にょとうかぶく》。速除苦惱《そくじょくのう》。無復衆患《むぶしゅげん》。
其諸子中《ごしょしちゅう》。不失心者《ふしっしんじゃ》。見此良藥《けんしろうやく》。

かにも、誤って毒薬を飲みました。どうか救って下さい。命を助けて下さい』と。

　父は子供らが苦しんでいるのを見て、薬剤治療の処方に依って、好い薬草の色・香・美味を皆悉く具えたものを求めて、搗き篩い和合して子に与え、服せしめて次のように言った。

『この大良薬は、色・香・美味を皆悉く具足している。お前達よ、飲みなさい。そうすれば、速やかに苦悩は除かれ、また諸々の患はなくなるだろう』と。

　その子息達のうち、意識を失っていない者は、この良薬の色・香の共に好いのを見て、直ちにこれを飲み、病は悉く除かれ治癒した。

色《しき》香《こう》倶《ぐ》好《こう》。即《そく》便《べん》服《ぶく》之《し》。病《びょう》盡《じん》除《じょ》愈《ゆ》。
餘《よ》失《しっ》心《しん》者《じゃ》。見《けん》其《ご》父《ぶ》來《らい》。雖《す》亦《い》歡《かん》喜《ぎ》
問《もん》訊《じん》。求《ぐ》索《しゃく》治《じ》病《びょう》。然《ねん》與《よ》其《ご》藥《やく》。而《に》
不《ふ》肯《こう》服《ぶく》。所《しょ》以《い》者《しゃ》何《が》。毒《どっ》氣《け》深《じん》入《にゅう》。
失《しっ》本《ぽん》心《しん》故《こ》。於《お》此《し》。好《こう》色《しき》香《こう》藥《やく》。而《に》
謂《い》不《ふ》美《み》。父《ぶ》作《さ》是《ぜ》念《ねん》。此《し》子《し》可《か》愍《みん》。
爲《い》毒《どく》所《しょ》中《ちゅう》。心《しん》皆《かい》顛《てん》倒《どう》。雖《すい》見《けん》我《が》
喜《き》。求《ぐ》索《しゃっ》救《く》療《りょう》。如《にょ》是《ぜ》好《こう》藥《やく》。而《に》不《ふ》

その他の意識の顛倒している者は、その父の帰って来たのを見て歓喜し、問い訊ね、病を治してくれるよう求めたけれども、然しながら与えられた薬を飲もうとしなかった。

それは何故であるか。――毒気が体内に深く入って、本心を失っているが故に、この好き色・香ある薬をも、美味ではないと思ったからである。

そこで父は次のように考えた。『この子は可哀相だ。毒の為に中てられて、心はすっかり顛倒している。我を見て喜び、救療を求めたけれども、このような好薬をあえて飲もうとしない。私は今、方便を設けて、この薬を飲ましてやろう』と。

そこで、こう言った。『子供達よ。正に知っ肯服《こうぶく》。我今當設方便《がこんとうせつほうべん》。令服此藥《りょうぶくしやく》。
即作是言《そくさぜごん》。汝等當知《にょとうとうち》。我今衰老《がこんすいろう》。
死時已至《しじいし》。是好良藥《ぜこうろうやく》。今留在此《こんるざいし》。
汝可取服《にょかしゅぶく》。勿憂不差《もつうふさい》。作是教已《さぜきょうい》。
復至他國《ぶしたこく》。遣使還告《けんしげんごう》。汝父已死《にょぶいし》。
是時諸子《ぜじしょし》。聞父背喪《もんぶはいそう》。心大憂惱《しんだいうのう》。
而作是念《にさぜねん》。若父在者《にゃくぶざいしゃ》。慈愍我等《じみんがとう》。
能見救護《のうけんくご》。今者捨我《こんじゃしゃが》。遠喪他國《おんそうたこく》。

て欲しい。――私は今、衰え老いて、死の時が既に迫っている。この好い良薬を今留めてここに置いておく。病める子よ。どうかこの薬を飲んでくれ。治らない等と心配することはない』と。

この教えを言いおわって、再び他国へ至り、使者を遣わして『お前の父は既に死亡した』と告げさせた。

この時、諸々の子息達は、父が自分らを見捨てて亡くなったと聞き、心大いに憂い悩み、次のように考えた。『若し、父が生きておられたならば、我等を憐れんで、能く救護して下さるだろう。が、今は我を捨てて遠く他国へ死出の旅に発たれた』と。

自ら省るに、孤独で頼みにする父母もない。

自惟孤露《じゆいころ》。無復恃怙《むぶじこ》。常懐悲感《じょうえひかん》。心遂醒悟《しんずいしょうご》。乃知此藥《ないちしやく》。色香味美《しきこうみみ》。即取服之《そくしゅぶくし》。毒病皆愈《どくびょうかいゆ》。其父聞子《ごぶもんし》。悉已得差《しっちとくさい》。尋便來歸《じんべんらいき》。咸使見之《げんしけんし》。諸善男子《しょぜんなんし》。於意云何《おいうんが》。頗有人能《はうにんのう》。説此良醫《せっしろうい》。虚妄罪不《こもうざいふ》。不也世尊《ほっちゃせそん》。佛言《ぶつごん》。我亦如是《がやくにょぜ》。成佛已來《じょうぶついらい》。無《む》量無邊《りょうむへん》。百千万億《ひゃくせんまんのく》。那由他《なゆた》。阿《あ》

常に悲感を懐き、心は遂に覚醒するに至った。——そこで、この薬の色・香・味の好いことを知って、服用すると、毒の病は悉く癒えた。

その父は、子供達が悉く既に癒えたのを聞き、帰って来て、皆に姿を見せてやった、と言うことである。

諸々の善男子よ。このことを、どのように考えるか。——そもそも、この良医が嘘・偽りを言ったと罪を咎める人が居るであろうか」と。

「居ません。世尊よ」と。

そこで仏陀は仰った。——「我もまた、この医師と同様である。我は成仏してよりこの方、無量無辺・百千万億・那由他・阿僧祇・

僧祇劫《そうぎこう》。爲衆生故《いしゅじょうこ》。以方便力《いほうべんりき》。言當滅度《ごんとうめつど》。亦無有能《やくむうのう》。如法説我《にょほうせつが》。虚妄過者《こもうかしゃ》。爾時世尊《にじせそん》。欲重宣此《よくじゅうせんし》義《ぎ》。而説偈言《にせつげごん》。

自我得佛來《じがとくぶつらい》　所經諸劫數《しょきょうしょこっしゅ》
無量百千万《むりょうひゃくせんまん》　億載阿僧祇《おくさいあそうぎ》
常説法教化《じょうせっぽうきょうけ》　無數億衆生《むしゅおくしゅじょう》

劫の無限の時が経っている。衆生のための故に、方便の力を以て『我いま正に滅度せんとす』と言うけれど、法を説くように私が嘘・偽りの過ちを犯す者であるとは、誰も言わないのである」と。

この時世尊は、重ねてこの意義を述べようと考えられて、次のような詩頌を唱えられた。

〔自我偈〕

我、仏を得てよりこの方、経《へ》たるところの諸々の劫数は無量・百千万、億・載・阿僧祇である。

常に法を説き無数の衆生を教化して仏道に入らしめた。それよりこの方無量劫の時が

令《りょう》入《にゅう》於《お》佛《ぶつ》道《どう》　爾《に》来《らい》無《む》量《りょう》劫《こう》
爲《い》度《ど》衆生《しゅうじょう》故《こ》　方《ほう》便《べん》現《げん》涅《ね》槃《はん》
而《に》實《じつ》不《ふ》滅《めつ》度《ど》　常《じょう》住《じゅう》此《し》説《せっ》法《ぽう》
我《が》常《じょう》住《じゅう》於《お》此《し》　以《い》諸《しょ》神《じん》通《ずう》力《りき》
令《りょう》顛《てん》倒《どう》衆《しゅ》生《じょう》　雖《すい》近《ごん》而《に》不《ふ》見《けん》
衆《しゅ》見《けん》我《が》滅《めつ》度《ど》　廣《こう》供《く》養《よう》舍《しゃ》利《り》
咸《げん》皆《かい》懷《え》戀《れん》慕《ぼ》　而《に》生《しょう》渇《かつ》仰《ごう》心《しん》
衆《しゅ》生《じょう》既《き》信《しん》伏《ぶく》　質《しち》直《じき》意《い》柔《にゅう》軟《なん》。

経っている。

衆生を救わんが為に、方便として涅槃を現したがしかも実際には滅度しないで、常に此処に住んで法を説き続けてきた。

我は常にここに住んでいるけれども、諸々の神通力を以て理性の顛倒している衆生には、近くにいても我を見えないようにしている。

人々は我が滅度を見て、舍利に様々の供養をし悉く皆、我に恋慕の心を懐き、渇仰の心を生ぜしめている。

衆生がもし既に信伏し、素直にして意《こころ》穏やかとなり一心に仏を見奉らんと欲して、自ら身命を惜しまなければ時に我及び弟子の衆僧

一《いっ》心《しん》欲《よっ》見《けん》佛《ぶつ》　不《ふ》自《じ》惜《しゃく》身《しん》命《みょう》
時《じ》我《が》及《ぎゅう》衆《しゅ》僧《そう》　倶《く》出《しゅつ》靈《りょう》鷲《じゅ》山《せん》
我《が》時《じ》語《ご》衆《しゅ》生《じょう》　常《じょう》在《ざい》此《し》不《ふ》滅《めつ》
以《い》方《ほう》便《べん》力《りっ》故《こ》　現《げん》有《う》滅《めつ》不《ふ》滅《めつ》
餘《よ》國《こく》有《う》衆《しゅ》生《じょう》　恭《く》敬《ぎょう》信《しん》樂《ぎょう》者《しゃ》
我《が》復《ぶ》於《お》彼《ひ》中《ちゅう》　爲《い》説《せつ》無《む》上《じょう》法《ほう》
汝《にょ》等《とう》不《ふ》聞《もん》此《し》　但《たん》謂《に》我《が》滅《めつ》度《ど》
我《が》見《けん》諸《しょ》衆《しゅ》生《じょう》　没《もつ》在《ざい》於《お》苦《く》海《かい》

は、共に霊鷲山に姿を現すであろう。

我は時に衆生に次の如く語る。『我は常に此処に在りて滅せざるも方便の力を示すため、滅・不滅を繰返すなり。

他の国に衆生ありて、我を敬い信ずる者あれば我また彼の地において、無上の法を説くなり』と。

皆の者達はこの我が言葉を聞かないで、ただ我が滅度したとのみ思っている。

我、諸々の衆生を見るに、みな苦海で溺れ苦しんでいる。

その為に我は身を現さないで、その人に渇

故《こ》不《ふ》為《い》現《げん》身《しん》　令《りょう》其《ご》生《しょう》渇《かつ》仰《ごう》
因《いん》其《ご》心《しん》戀《れん》慕《ぼ》　乃《ない》出《しゅつ》為《い》説《せっ》法《ぽう》
神《じん》通《づう》力《りき》如《にょ》是《ぜ》　於《お》阿《あ》僧《そう》祇《ぎ》劫《こう》
常《じょう》在《ざい》靈《りょう》鷲《じゅ》山《せん》　及《ぎゅう》餘《よ》諸《しょ》住《じゅう》處《しょ》
衆《しゅ》生《じょう》見《けん》劫《こう》盡《じん》　大《だい》火《か》所《しょ》焼《しょう》時《じ》
我《が》此《し》土《ど》安《あん》穏《のん》　天《てん》人《にん》常《じょう》充《じゅう》満《まん》
園《おん》林《りん》諸《しょ》堂《どう》閣《かく》　種《しゅ》種《じゅ》寶《ほう》荘《しょう》厳《ごん》
寶《ほう》樹《じゅ》多《た》華《け》菓《か》　衆《しゅ》生《じょう》所《しょ》遊《ゆう》樂《らく》

仰の心を生ぜしめその心が我を恋慕するに因て、我はこの世に出てその人の為に法を説くのである。神通力とはこの様なものである。阿僧祇・劫の永遠に於いて常に霊鷲山、及びその他の諸々の住処に我は居るのである。

衆生がその劫が尽きて、壊劫の大火に焼かれると見える時でも我がこの仏国土は安穏で、天の神々や人間たちが常に満ち溢れている。

園林や諸々の堂閣は、種々の宝を以て荘厳され宝樹には多くの花が咲き果実が実り、衆生が遊び楽しんでいる。

天空の神々は鼓を打ち、諸々の伎楽を常に演奏し天上に咲くマンダーラ花の雨を降らして、仏や大衆にふり懸けている。

諸《しょ》天《てん》撃《ぎゃく》天《てん》鼓《く》　常《じょう》作《さ》衆《っしゅ》伎《ぎ》樂《がく》
雨《う》曼《まん》陀《だ》羅《ら》華《け》　散《さん》佛《ぶつ》及《ぎゅう》大《だい》衆《しゅ》
我《が》浄《じょう》土《ど》不《ふ》毀《き》　而《に》衆《しゅ》見《けん》焼《しょう》盡《じん》
憂《う》怖《ふ》諸《しょ》苦《く》悩《のう》　如《にょ》是《ぜ》悉《しつ》充《じゅう》満《まん》
是《ぜ》諸《しょ》罪《ざい》衆《しゅ》生《じょう》　以《い》悪《あく》業《ごう》因《いん》縁《ねん》
過《か》阿《あ》僧《そ》祇《しぎ》劫《こう》　不《ふ》聞《もん》三《さん》寶《ぼう》名《みょう》
諸《しょ》有《う》修《しゅ》功《く》徳《どく》　柔《にゅう》和《わ》質《しち》直《じき》者《しゃ》
則《そっ》皆《かい》見《けん》我《が》身《しん》　在《ざい》此《し》而《に》説《せっ》法《ぽう》

我が浄土はいつもと変わりはないのに、大衆はこの仏国土が焼け尽きて憂いや怖れや諸々の苦悩で、悉く充満していると思っている。

このような諸々の罪の衆生は、悪業の因縁に依り阿僧祇・劫の長きに亘って、三宝（仏・法・僧）の御名を聞くことがないけれど、諸人のうち功徳を修め、柔和にして素直なる者は即ち皆、我が身が、此処に在って法を説いているのを知っているのだ。

或る時はこの衆の為に、仏の寿命は無限であると説き久しく仏を見続けた者には、その為に仏に会うのは得難いと説くのである。

或《わく》時《じ》爲《い》此《し》衆《しゅう》　説《せつ》佛《ぶつ》壽《じゅ》無《む》量《りょう》
久《く》乃《ない》見《けん》佛《ぶっ》者《しゃ》　爲《い》説《せつ》佛《ぶつ》難《なん》値《ち》
我《が》智《ち》力《りき》如《にょ》是《ぜ》　慧《え》光《こう》照《しょう》無《む》量《りょう》
壽《じゅ》命《みょう》無《む》數《しゅ》劫《こう》　久《く》修《しゅ》業《ごう》所《しょ》得《とく》
汝《にょ》等《とう》有《う》智《ち》者《しゃ》　勿《もっ》於《と》此《し》生《しょう》疑《ぎ》
當《とう》斷《だん》令《りょう》永《よう》盡《じん》　佛《ぶつ》語《ご》實《じっ》不《ぷ》虚《こ》
如《にょ》醫《い》善《ぜん》方《ほう》便《べん》　爲《い》治《じ》狂《おう》子《し》故《こ》
實《じつ》在《ざい》而《に》言《ごん》死《し》　無《む》能《のう》説《せっ》虚《こ》妄《もう》

我が知力はかくの如く、智恵の光は無限を照らし寿命の永遠であることは、久しく修行して得たる結果である。

皆の者、智恵ある者達よ。この事に疑いを生ずること勿れ。

正に断じて次の語を不滅たらしめよ。即ち『仏語は実に虚言ではない』と。

譬えば、医者が善き方便を使って、病に罹った子供を治さんがために生きているにも拘わらず死んだと偽っても、誰も嘘つきだと非難しないのと同じである。

我もまたこれ、世の父として、諸々の苦患を救う者である。

我《が》亦《や》爲《く》世《い》父《せ》　救《く》諸《しょ》苦《く》患《げん》者《しゃ》
爲《い》凡《ぼん》夫《ぶ》顛《てん》倒《どう》　實《じつ》在《ざい》而《に》言《ごん》滅《めつ》
以《い》常《じょう》見《けん》我《が》故《こ》　而《に》生《しょう》憍《きょう》恣《し》心《しん》
放《ほう》逸《いつ》著《ぢゃく》五《ご》欲《よく》　堕《だ》於《お》悪《あく》道《どう》中《ちゅう》
我《が》常《じょう》知《ち》衆《しゅ》生《じょう》　行《ぎょう》道《どう》不《ふ》行《ぎょう》道《どう》
随《ずい》應《おう》所《しょ》可《か》度《ど》　為《い》説《せっ》種《しゅ》種《じゅ》法《ほう》
毎《まい》自《じ》作《さ》是《ぜ》念《ねん》　以《い》何《が》令《りょう》衆《しゅ》生《じょう》
得《とく》入《にゅう》無《む》上《じょう》道《どう》　速《そく》成《じょう》就《じゅ》佛《ぶっ》身《しん》

凡夫は意識が顛倒しているから、実在しているにも拘らず、我を入滅したと言う。

常に我を見ている者はその故に、却って奢りの心を生じ放逸にして五欲に泥み、悪道の中に堕ちるだろう。

我は常に衆生の、修行に励んで居るかいないかを知って済度すべき所に随って、その為に種々の法を説くのである。

常に我は自ら次のような念いを懐いている。『どのようにして、衆生をして無上道の悟りに入らしめ、速やかに仏身を成就させることができるであろうか』と。

第三章　真言宗系、天台密教系

日本における真言宗《しんごんしゅう》の開祖は『空海《くうかい》』（弘法大師《こうぼうだいし》）である。『空海』は、日本の文化史上特筆さるべき人として、十指の中に必ず入れられて然るべき大天才の一人であると思う。讃岐《さぬき》の国、佐伯氏の出で、幼にして漢籍を学び、十五才で上京（奈良）し東大寺で学び、四国の霊地を巡歴苦行した。その間『三教指帰』を著し、二十二才で得度した。三十一才の時、延暦二十三年（八〇四）に遣唐使船に便乗して渡唐し（この時、最澄は正式の留学生であった）、苦労して都長安にたどり着いた。既に漢語・漢文をよく消《こ》なし、更に梵語をも習得した。やがて中国真言密教の権威である『恵果《けいか》』に師事し、正式の「伝法灌頂《でんぽうかんじょう》」を受け「遍照金剛《へんじょうこんごう》」の名号を授けられた。――『恵果』は中国真言密教の正式の後継者として、他国人の『空海』を選んだのであって、彼に「灌頂」を与えると間もなく遷化した。

『空海』は帰国後、洛西の高雄山に入山するが、嵯峨天皇の知遇を得て弘仁四年（八一三）高野山《こうやさん》の土地を賜った。ここに金剛峯寺《こんごうぶじ》を建て、日本真言密教の本山、修行の聖地とした。別に京都・東寺をも賜り、此処を根本道場とした。――後に『最澄』は、自己の留学期間が短かったこともあって、「天台」の学習はともかく、「密教《みっきょう》」の習得が充分でなかったのを反省して、『空海』に丁重に教えを請い、灌頂《かんじょう》を受けている。――

この比叡山における密教は、後に唐に渡った『円仁』（慈覚大師）『円珍』（智証大師）らによって更に発展させられ、「天台密教（台密《たいみつ》）」として「真言密教（東密《とうみつ》）」と並び称されている。共に『大日経《だいにちきょう》』を中心経典としているが、その注釈書として「東密」が『一行』の記録した『大日経疏《しょ》』に準拠しているのに対し、「台密」は『円仁』の将来した『大日経義釈』を依用しているところに差異があると言われている。

『空海』は、その他、「綜芸種智院《しゅげいしゅちいん》」を開き、仏教以外の思想・学問をも広く一般大衆に解放した。高野山、京都、奈良を往来するだけでなく、近畿地方以外にも全国にわたって広く布教活動（『聖《ひじり》』と称する地方布教担当者の協力を含めて）を行って、各地に信者を増やした。また、彼の活動は信仰・学問の分野のみに止まらず、土木事業・灌漑事業にも及んでいる。——と云うより、このような土木・灌漑等の社会事業は仏教指導者の必須とも云うべき行動徳目であって、古くより真摯な仏教者は「乞食生活《こつじき》」と共に、この「社会事業」に多くのエネルギーを消費している。

空海はこの間、真言密教の神髄を説いた『十住心論』やその要約『秘蔵宝鑰《ひぞうほうやく》』等を著し、書に『風信帖』などの優れた作品を遺し、建築・彫刻・絵画などにも深い蘊蓄《うんちく》を示している。

『空海』の思想の中心は、青年の遍歴時代に初めて触れた『大日経』にあると言われている。入唐したのもその神髄を究めたいが為であった。——密教は、インドでヒンズー教が盛んになった四世紀ごろ起こり、釈迦入滅から千年以上経った七世紀頃、『大日経』『金剛頂経《こんごうちょうぎょう》』として体系化された最も新しい仏教であった。ヒンズー教の要素を多く取り入れて、呪文（真言・陀羅尼《だらに》）、手の印相、曼陀羅《まんだら》を用いて修行の目的を達成し、教義や儀礼は秘密裏に弟子に伝えられた。

青年『空海』が修行中に奈良の「久米寺」で『大日経』を発見し感銘を深めたのが八世紀末であるから、日本にも随分速く経文は到来していたものである。また、思想の伝播という文化現象も極めて敏感なものだと感心させられる。――そして、当時インテリ学僧の最先端を走っていた『最澄』や『空海』が、争って中国の先達に教えを求めたのも宜《むべ》なるかなと思われる。

『大日経』、詳しくは『大毘盧遮那《びるしゃな》成仏神変加持経』は、その根本思想は、他の『阿弥陀経』が涅槃の理想郷が西方の極楽浄土に在ると考えたり、『法華経』に於いては仏陀が永遠の過去から未来を通じて「入滅」と「出生」を随時繰り返していると説いているのと違って、「浄土」そのものが「求道者」自身の中に在ると説くのである。「仏」は「我が身」と究極は一体のものである。尋常一様でない「修業」を体験することによってこの「肉体」と「仏」とは一体になれるとする。『即身成仏』の思想は、真言密教の教義の根底にあると考えられる。――又、この浄土が彼岸にあるのではなく、こちらの我が身の側にあるとする考え方は『真言宗』が現世肯定的な宗教として、世間に普及していった理由の一つにもなっていると思われる。

従って『大日経』や『理趣経《りしゅきょう》』（『大般若経』の一章）等には、身仏一体の法悦境を醸成するための呪文（サンスクリット原語で翻訳が難しい）が多く含まれ、加持祈祷《かじきとう》の印授にも見慣れない形が勤業《ごんぎょう》されるので、経文による教義の理解は難しく、「現世利益《げんせりやく》」の俗信と混同されることもあるようである。――従って、この宗派では、「密教」は「顕教《けんきょう》」（密教以外の教えを言う）の卒業者でなければ学べないことになっているらしい。

『空海』入滅（成仏、又は入定）後、高野山大学は一時衰退した。――平安後期、十二世紀に入って『覚鑁《かくばん》』（興教大師）は、腐敗堕落した高野山の建て直しを図った。しかし、この改革に反発した保守派の僧達は、覚鑁の自所であった密厳院を急襲して焼き払い、金剛峯寺から追放するという凶行に出た。高野山を追われた覚鑁は、弟子達とともに紀州に退いて根来寺《ねごろでら》を建立し、大伝法院や密厳院を移して、真言宗の正しい有り方を説き独自の教義を展開した。

彼は、広く世間で信仰の対象とされている「阿弥陀如来」は、本質的には「大日如来」と同一者であることを説き「新義真言宗」の派祖と仰がれている。――根来寺は新義真言宗の根本学堂として多くの僧を集め、室町末期には二千七百寺院を数えるほど栄えた。根来衆と呼ばれた強大な兵を擁し、戦国の一大勢力となったが、秀吉に攻められ壊滅した。生き延びた僧たちは奈良や京都へと逃れ、やがて新義真言宗を根付かせた。それらの系統が、現在の「長谷寺」を本山とする「豊山派《ぶざんは》」と、「智積院《ちしゃくいん》」を本山とする「智山派《ちざんは》」である。

この他、『空海』の学問・布教の拠点であった京都の諸寺院も各々別派を形成している。

――「醍醐派」（醍醐寺）、「御室派《おむろは》」（仁和寺）、「東寺派」（東寺）等々である。

――醍醐寺は修験道《しゅげんどう》の本山でもある。

〔真言宗系の信徒、寺院等〕

信徒数　一一、一五〇、九四一
寺院数　一二、三〇六

『真言宗』

本山

高野山真言宗　金剛峯寺（和歌山県高野町）
東寺真言宗　東寺（教王護国寺）（京都市南区）　※真言宗東寺派ともいう
新義真言宗　根来寺（和歌山県岩出市）
真言宗豊山派　長谷寺（奈良県桜井市）　※新義真言宗
真言宗智山派　智積院（京都市東山区）　※新義真言宗
真言宗山階派　勧修寺（京都市山科区）
真言宗醍醐派　醍醐寺（京都市伏見区）　※修験道

真言宗御室派　仁和寺（京都市右京区）
真言宗大覚寺派　大覚寺（京都市右京区）
真言宗泉涌寺派　泉涌寺（京都市東山区）
真言宗須磨寺派　須磨寺（福祥寺）（神戸市須磨区）
真言三宝宗　清澄寺（清荒神）（兵庫県宝塚市）
真言宗中山寺派　中山寺（兵庫県宝塚市）
真言宗善通寺派　善通寺（香川県善通寺市）
真言律宗　西大寺（奈良市西大寺）
信貴山真言宗　朝護孫子寺（奈良県平群町）
真言宗室生寺派　室生寺（奈良県宇陀郡室生村）

名刹

護国寺（東京都文京区）※豊山派
平間寺（川崎大師）（神奈川県川崎市）※智山派
新勝寺（成田不動）（千葉県成田市）※智山派
王禅寺（川崎市麻生区）※豊山派

大山寺（神奈川県伊勢原市）※醍醐派

『天台密教』

本山

延暦寺　※山門派

天台寺門宗　園城寺（三井寺）（滋賀県大津市）※寺門派

本山修験宗　聖護院門跡（京都市左京区）

金峯山修験本宗　金峯山寺（奈良県吉野町）

※天台宗の寺院数、信徒数は55頁

『大日経』『理趣経』の概略

『大日経』詳しくは『大毘盧遮那成仏神変加持経』の漢訳は、インド人『善無畏』が、漢人『一行』の助けを得て、七二五年に行った。――六巻、三十一章に分かれている。

第一章　住心品で教理の核心を説き、第二章以下で「曼荼羅《まんだら》」をはじめ「呪《じゅ》文《もん》」や「印契《いんげい》」などの宗教儀礼について述べている。

他の「顕経」の説示者が、概ね「釈迦牟尼仏」であるのに対して、この経の主人公は「大毘盧遮那仏《だいびるしゃなぶつ》」である。この仏陀は「如来加持広大金剛法界宮」という所におられて、そこに集まった「持金剛者」（顕教のいう菩薩と同じ）達のなかの一人である「執金剛秘密主」と一問一答が行われる。

まず、仏陀の言う『一切智』とは何か、が問題となる。「一切智者」とは仏陀のことであり、その「智」とは仏陀の悟りの内容である。即ち、その内容は「菩提心を因となし、悲を根本となし、方便を究竟となす」ところのものである。『菩提心』とは仏陀の悟りに一歩でも近づこうと努力する心であり、『悲』とはあらゆる生物を憐れみ救済しようとする心構えであり、これらを実行に移すのが究極の目標である、と説くのである。現実世界における実行が特に強調される。

さらに『菩提心』を説明して、これは「如実知自心」つまり「実の如く自心を知る」ことであると言う。そして、『心』とは動物の如く本能に支配されて欲望を追求する段階から、次第に善行を志す芽を育み、ついに宗教心に至る段階を説明し、究極の心は『空』であり、本来『清浄』であると説く。――空海はこの「住心品」を根拠にして、人間の心を十種の進化過程に分類し主著『十住心論』十巻を著している。

第二章　具縁品《ぐえんぼん》から、**第三十一章　嘱累品《ぞくるいぼん》**までは、本経の実践篇である。

この「具縁品」以下の記述をもとにして描かれたのが『胎蔵界マンダラ』（詳

しくは「大悲胎蔵生曼荼羅」）で、『大日経』にやや遅れて成立した『金剛頂経』に基づくものが『金剛界マンダラ』である。密教寺院の多くで、この一対の両界マンダラが掛けられている。何れも浄土世界における諸仏の位置・思想体系を示すものである。

その他、第二章以下の実践篇では、種々の秘密瑜伽（現在のヨーガに似たもの。一種の瞑想的・精神集中法）の実習心得、瞑想の内容と順序、その時唱える真言（咒文）の種類等について、細かく指導している。

『理趣経』は、密教経典『大楽金剛不空真実三摩耶経（般若波羅蜜多理趣分）』の通称であって『般若経』の一種である。——『般若経』は便宜上、次の第四章の禅宗系で述べる積もりだが、この『般若経』は、仏陀の悟りの内面を説明しているだけに難解ではあるが、「浄土宗系」を除いたすべての宗派で読唱・勤行される。特に「密教系」の宗派には『般若経』の一部である『理趣経』はその取扱いは慎重であって、一般俗人は近づき難い。

『理趣経』の主人公も『大日経』『華厳経』と同じく『大毘盧遮那仏』である。――この仏陀は、極めて現実肯定的である。――人間の弱点である愛欲や種々の欲望を単純に否定するのではなく、それをありのままの姿で『般若』の叡知で捉える時、本質的に汚れのないものであることが明らかになる、と説く。これを「一切法自性清浄」と言う。詰まり欲望は、本質において静寂純粋であり、思慮分別を超えたものである。従って、愛欲も憎悪も『般若』の境地においては、その有るべき所に於いて肯定される、と言うのである。

しかし、この説は単純な欲望肯定説と混同されることがあるので、密教でも或る程度の顕教習得者でなければ、教授しないことになっているようである。――在家信者に対しても最近まで日常の勤行に、これを読経することは禁じられていたそうである。

がこの経は、「台密」「東密」ともに重視し、特に「真言宗」は現在も、大法要にこれを読誦する。――この経が「即身成仏」即ち、「人間そのものが理想形であるとの思想」を率直に述べているからである。

「密教」は「般若系の思想」を根本に置いているから、日常も法要に於いても、『理趣経』の他に『大般若経』やその中の一章『般若心経』を読唱し親しんでいるのは当然である。――その他、この『真言宗』は在家の信者に「在家勤行法則」や「精霊廻向」等を与えているが、これらは多く日本語で述べられているので、比較的理解しやすい。――理解し難いのは『真言』即ち梵語で称えられる咒文である。

この『真言』や『陀羅尼』は如来の真実のお言葉であるから、これをそのまま念誦して功徳を受けることができる。この『真言』もいまは殆ど翻訳されているが、本当はその翻訳文を称えるのではなくて、その意味を心で念じつつ梵語のままで称えるのが『真言宗』の意に添うものであろう。

『大日経』は、日常の勤行や法要にも殆ど読唱されないそうである。従って、ここでは割愛して、『理趣経』のみを記載することにする。

『理趣経』（大法輪閣『真言宗』を参考にさせていただいた）

（勧請）

帰《き》命《みょう》毘《び》盧《る》舎《しゃ》那《な》仏《ぶつ》
無《む》染《ぜん》無《む》着《じゃく》真《しん》理《り》趣《しゅ》
生生《しょうじょう》値《ち》遇《ぐう》無《む》相《そう》教《きょう》
世《せ》世《せ》持《じ》誦《じゅ》不《ふ》忘《もう》念《ねん》
本《ほん》尊《ぞん》界《かい》会《え》増《ぞう》法《ほう》楽《らく》

（勧請）

毘盧舎那仏に帰依いたします。
汚れのない真理の道に帰依いたします。
並びなきみ教えに日々お会いして、
何時までもこれを拝持し読誦し、仏の御姿を念ずることを忘れません。
ご本尊様の法楽を増すために

（経題）

大《たい》楽《ら》金《ぎん》剛《こう》不《ふ》空《こう》真《しん》実《じつ》三《さん》摩《ま》耶《や》経《けい》

般《はん》若《じゃ》波《は》羅《ら》蜜《び》多《た》理《り》趣《しゅ》品《ぼん》

（本文・前段略）

菩《ほ》薩《さ》勝《しょう》恵《けい》者《しゃ》　乃《たい》至《し》尽《しん》生《せい》死《し》

恒《こう》作《さく》衆《しゅう》生《せい》利《り》　而《じ》不《ふ》趣《しゅ》涅《でっ》槃《ぱん》

般《はん》若《じゃ》及《きゅう》方《ほう》便《べん》　智《ち》度《と》悉《しっ》加《か》持《ち》

諸《しょ》法《ほう》及《ぎゅう》諸《しょ》有《ゆう》　一《いっ》切《せい》皆《かい》清《せい》浄《せい》

（経題）

大楽にして不滅の、空しからずして真実の、真言修行の聖なる戒めの経

「智慧の完成超越への道」

（本文・前段略）

最高の智恵者の菩薩達は、この世が尽きるまで、

常に衆生の為を思い、涅槃に赴き休らう気はない。

智慧とそれに至る方便は、みな比類なきお加護のおかげである。

この世の全ての法や事象は、一切みな清浄である。

欲《よく》等《とう》調《ちょう》世《せい》間《かん》　令《れい》得《とく》浄《せい》除《ちょ》故《こ》

有《ゆう》頂《てい》及《ぎゅう》悪《あく》趣《しゅ》　調《ちょう》伏《ふく》尽《しん》諸《しょ》有《ゆう》

如《じょ》蓮《れん》体《てい》本《ほん》染《ぜん》　不《ふ》為《い》垢《こう》所《そう》染《ぜん》

諸《しょ》欲《よく》性《せい》亦《えき》然《ぜん》　不《ふ》染《ぜん》利《り》群《ぎん》生《せい》

大《たい》欲《よく》得《とく》清《せい》浄《せ》　大《たい》安《あん》楽《らく》富《ふ》饒《じょう》

三《さん》界《かい》得《とく》自《し》在《さい》　能《のう》作《さ》堅《けん》固《こ》利《り》

金《きん》剛《こう》手《しゅ》　若《じゃく》有《ゆう》聞《ぶん》此《し》

本《ほん》初《そ》般《はん》若《じゃ》理《り》趣《しゅ》

欲望が世間を調え、清浄ならしめるために、

この世の果てまで、諸々の迷いを説き伏せよう。

蓮の花に本来の色があって、泥に汚染されないように

諸欲の本性も、泥に染まないで総ゆる衆生を救済する。

大欲は清浄であるから、大安楽があって富み栄え、

その結果、この世の中で自由を得る。よくその救いの本を固めよう。

金剛手よ。（菩薩達を代表して質問していた執金剛秘密主――金剛菩薩に、大毘盧遮那仏――大日如来が呼びかけられたことば）

若し、この根本たる美妙の道を聞いて、

日《じつ》日《じつ》晨《しん》朝《ちょう》　或《こく》誦《しょう》或《こく》聴《てい》
彼《ひ》獲《かく》一《いっ》切《せい》安《あん》楽《らく》悦《えっ》意《ち》
大《たい》楽《ら》金《きん》剛《こう》不《ふ》空《こう》三《さん》昧《まい》
究《きゅう》竟《けい》悉《しっ》地《ち》　現《げん》世《せい》獲《かく》得《とく》
一《いっ》切《せい》法《ほう》自《し》在《さい》悦《えい》楽《らく》
以《い》十《しゅう》六《ろく》大《たい》菩《ほ》薩《さっ》生《せい》
得《とく》於《よ》如《じょ》来《らい》　執《しゅう》金《きん》剛《こう》位《い》
吽《うーん》

日々朝早く自らこれを口誦し、或いは人の誦するのを聴くならば、
彼はすべての安楽と悦びを得るのみならず、
大楽にして不滅不空の三昧境に達して、
究極の誓いを成就することができるであろう。また現世において、
一切のものに囚われない自由自在の悦楽を得、
十六の菩薩の功徳をも身につけて、
毘盧遮那如来のお容姿に近づき、金剛薩捶の位を得るであろう。
ウーム

爾《じ》時《し》一切《いっせい》如《じょ》来《さい》

及《きゅう》持《ち》金剛《きんこう》菩薩《ほさ》摩訶《ばか》薩《さ》等《とう》

皆《かい》来《らい》集《しゅ》会《かい》　欲《よく》令《れい》此《し》法《ほう》

不《ふ》空《こう》無《ぶ》礙《かい》　速《そく》成《せい》就《しゅう》故《こ》

咸《かん》共《きょう》　称賛《しょうさん》　金剛《きんこう》手《しゅ》言《げん》

（讃嘆）

善哉《せんざい》善哉《せんざい》大《たい》薩埵《さった》

善哉《せんざい》善哉《せんざい》大《たい》安楽《あんらく》

この時、全ての如来と

不滅の菩薩や摩訶薩らが、

皆この集会に参衆した。そして今までに説かれたみ教えを、

空しからず、障りなく、速やかに成就せしめんがために、

皆共に、金剛手菩薩を誉め称えた。

（讃嘆）

善いかな善いかな、大薩捶。

善いかな善いかな、大安楽。

善《せん》哉《ざい》善《せん》哉《ざい》摩《ま》訶《か》衍《えん》
善《せん》哉《ざい》善《せん》哉《ざい》大《たい》智《ち》恵《けい》
善《せん》能《のう》演《えん》説《ぜい》此《し》法《は》教《こう》
金《きん》剛《こう》修《しゅう》多《た》羅《ら》加《か》持《ち》
持《ち》此《し》最《さい》勝《しょう》教《こう》王《おう》者《しゃ》
一《いっ》切《せい》諸《しょ》魔《ま》不《ふ》能《のう》壊《かい》
得《とく》仏《ふ》菩《ほ》薩《さ》最《さい》勝《しょう》位《い》
於《よ》諸《しょ》悉《しっ》地《ち》当《とう》不《ふ》久《きゅう》

善いかな善いかな、大乗の御教示。
善いかな善いかな、大いなる智恵よ。
善いかな、如来が永久の御法を説きたまい、
不滅の経文の加護を垂れたもうた。
この最も優れたみ教えを奉持するものは、
一切の悪魔らも犯し得ず、
み仏・菩薩の最高のみ位も
諸々の願いも遠からず成就されるであろう。

一切如来及菩薩《いっせいじょらいきゅうほさ》
共作如是勝説已《きょうさくじょししょうせつち》
為令持者悉成就《いれいちしゃしっせいしゅう》
皆大歓喜信受行《かいたいかんぎしんしゅこう》
（念仏）
毘盧遮那仏《ひろしゃだふ》　毘盧遮那仏《ひろしゃだふ》
（後讃咒文）略
（廻向）

総ての如来や菩薩達は
共にこれらの優れた教えを説き終わり、
これを受持する人達のため、悉くを成就させ、
大衆は皆歓喜して功徳を受けとった。
（念仏）
毘盧遮那仏を讃え奉る。
（後讃咒文）略
（回向）

懺《さん》悔《がい》随《ずい》喜《き》勧《げん》請《せい》福《ふく》
願《げん》我《が》不《ふ》失《し》菩《ほ》提《てい》心《しん》
諸《しょ》仏《ふ》菩《ほ》薩《さ》妙《びょう》衆《しゅう》中《ちゅう》
常《しょう》為《い》善《せん》友《にゅう》不《ふ》厭《えん》捨《しゃ》
離《り》於《よ》八《はつ》難《なん》生《せい》無《ぶ》難《なん》
宿《しゅく》命《べい》住《ちゅう》智《ち》荘《そう》厳《げん》身《しん》
遠《えん》離《り》愚《く》迷《べい》具《ぐ》悲《ひ》智《ち》
悉《しつ》能《のう》満《まん》足《そく》波《は》羅《ら》密《び》

懺悔して心を豊かにし福を招き、
何時までも菩提心を失わないようにしよう。
諸々のみ仏、菩薩衆や立派な友達に守られて、
常に善き友から嫌われず捨てられず、
八難の世を離れ、苦しみのない世に生まれ出て、
智恵と清浄な心に身を保持しよう。
愚かな迷いから遠くはなれ、大悲の智恵を具えて、
悉くよく救いの業《わざ》を身に付けて、

富《ふ》楽《らく》豊《ほう》饒《じょう》生《せい》勝《し》族《しょく》
眷《けん》属《じょく》広《こう》多《た》恒《こう》熾《し》盛《せい》
四《し》無《ぶ》礙《かい》弁《へん》十《しゅう》自《し》在《さい》
六《りく》通《とう》諸《しょ》禅《せん》悉《しっ》圓《てん》満《まん》
如《じょ》金《きん》剛《こう》幢《とう》及《きゅう》普《ほ》賢《けん》
願《げん》讃《さん》廻《かい》向《きょう》亦《え》如《き》是《じょ》
帰《き》命《べい》頂《てい》礼《れい》大《たい》悲《ひ》毘《ひ》盧《ろ》遮《しゃ》那《だ》仏《ふ》

富み栄えて豊かなみ仏の家に生まれ、
一族揃って繁盛することを期待しよう。
み仏の総ての言葉は自由自在で、
悟りの境地は無辺に広がり、悉く満ち満ちている。
金剛法力の普賢菩薩のように、
み仏をこのように讃美し回向します。
この上なく慈悲深い毘盧遮那仏に帰依し礼拝いたします。

第四章　臨済宗系、曹洞宗系、黄檗宗系

中国にも日本にも、禅宗という特別の宗派がもともとあった訳ではない。――釈迦は悟りを開く前の修行中に、昔からインドで行われていたヨーガの手法を利用されていたので、般若の境地を得てからも、周囲の者に坐禅を勧めておられたそうである。従って、仏教ではどの宗派も「坐禅」を修行上重視した。天台宗で「止観」と言い、真言密教で「阿字観」と言うのも、一種の禅である。浄土宗系で「念仏」一途に阿弥陀如来のお姿を追うのも「観仏」という禅修行の一方法だとも言えるであろう。

しかし、後に中国で『禅宗』と呼ばれる宗派が生まれたのは、五二〇年頃南インドから中国にきた『菩提達磨《ボーディダルマ》』を中心とする宗派が成長してからだと言われている。――この宗派の修行は「壁観」とよばれ、壁に向かって坐禅を組み、心が本来清浄であることを見つめ悟ることを主眼とした。――この一派は山中

で高潔な暮らしをし、大衆からも尊敬を受けるようになったが、それでも自らを特に『禅宗』と主張した訳ではなかった。

日本では、唐に留学して六六一年に帰国した『道昭』が唯識学を紹来し、元興寺に禅院を建てて坐禅に努めた。その後七三六年、天平年間に『道璿《どうせん》』が来日して「律」と「禅」と「華厳」を伝えた。

中国では宋時代になって、「南宋禅」と称する学僧の僧院生活を含む宗派が確立した。

――この「南宋禅」系統から『義玄』が出て『臨済宗』の祖となり、『行《ぎょう》思《し》』の系統から出たのが『曹洞宗』である。――その後「臨済」には『宋杲《そうこう》』、「曹洞」には『宏智《わんし》』の二大禅僧が現れて、この両宗派を強固なものとした。

「臨済」の学風は「看話禅」と言われ、与えられた「公案」を解き、その思索過程に於いて大悟を計る禅である。――「曹洞」の学風は「黙照禅」と言われ、「公案」は無くひたすら坐禅によって、直接、大悟徹底を意図するものである。

日本では、平安末期一一六八年に『栄西』が入宋して『臨済宗』を招来した。彼はインド（天竺）に渡ることを意図したが果たせなかった。――『栄西』

の門に入った『道元』も一二二三年に入宋し、『如浄《にょじょう》』という良師に巡り合い「只管打坐《しかんたざ》」を教えられた。数年後帰国し、北陸に永平寺を開いた。『曹洞宗』の祖と仰がれている。

なお、日本に最初に『臨済宗』を伝えたのは栄西であるが、現在に伝わる臨済宗各派の殆どは、鎌倉末期から室町期に活躍した応燈関（大応国師《だいとうこくし》・大燈《だいとう》国師《こくし》・関山慧玄《かんざんえげん》）の流れをくむものである。『臨済宗』は幕府や貴族階級など、時の権力者の保護を受け、鎌倉や京都に寺格を定めて順位をつけた五山十刹《ごさんじっせつ》の制をしき、五山文学を中心とする禅宗文化の発展に寄与した。しかし、応仁の乱以降、これらの寺院も荒廃し、『臨済宗』も衰退したが、江戸時代に現れた『白隠《はくいん》』禅師によって再興された。

道元の『曹洞宗』は、当初、自己完結に重きをおき、在家にはあまり広まらなかったが、十三世紀後半の『瑩山《けいざん》』禅師によってわかりやすい教えに改められ、地方の豪族や民衆に広まっていった。そのため、開祖道元が高祖と称されるのに対して瑩山は太祖と称され、瑩山の開いた総持寺《そうじじ》を、永平寺とともに曹洞宗の二大本山としている。

また、徳川時代には、明朝末の動乱を避けて、中国から『隠元《いんげん》』禅師が弟子を伴って来朝し、宇治に「万福寺」を開いた。隠元の禅は臨済宗であったが、中国風で日本の臨済宗と異なるため、『黄檗宗《おうばくしゅう》』という別の宗派となっている。

禅宗では何れの系統も、坐禅を重視する。――が経文に関する研究も日常の奉讃も他宗派に劣るものではない。用いる法典は概ね大乗教典、即ち上述のように、『般若経』『華厳経』『法華経』等であるが、『大日経』『浄土経』などは用いられないようである。一般的に、臨済宗では『般若心経』『金剛般若経』等の『般若経』の他、『観音経』（『法華経』第二十五）が、『曹洞宗』では道元の『正法眼蔵《しょうぼうげんぞう》』を基にした『修証義』とともに、『般若心経』『観音経』『寿量品』（『法華経』第十六）が唱和されるようである。

遡って、平安初期の我が国の仏教界を眺めると、『最澄』が渡唐して杭州の「天台山」に学び、天台・密教・禅宗・戒律の総合的学問を我が国に招来したのであるが、その土壌から、『法然』『親鸞』『日蓮』『栄西』『道元』らが排出されたことは以前にも述べた。「天台宗」は『法華経』を奉ずるが、その密教部門である「台密」は『大日経』とともに『般若経』をも重視している。『空海』の「東密」も『般若心経』や『金剛般若経』を重視している。――つまり「密教」は「禅」と最も近しい宗派なのである。

『法華経』の示す過去・現在・未来に亘る壮大なパノラマには、その中心に仏陀の深い「悟り」が秘められている。言語では表現しにくい、その深い「悟り」を敢えて言葉に現した『般若経』と、この『法華経』とは、私は真実の『仏説』の表裏一体をなすものであると思う。――坐禅一途であった『道元』も臨終の床で『法華経』の寿量品を口ずさんでいたという。

『法華経』には、釈迦の華やかな行動と功徳を自讃する言葉が延々と述べられているだけで、豊かな「悟り」の内容を教えること無く空虚な説示である、との批判が「富永仲基」のように、既に江戸の中期頃から存在している。――しかし、これは当たっていないと私は思う。

それは一つには、『法華経』では、深遠な「悟り」の内容は言葉で表現するのは難しいと何度も何度も述べられながらも、実は随所に核心とも言うべき内容を釈迦は述べておられるからである。特に例えば第二章方便品や第十六章寿量品等をよく読めば、その中で詳しく述べられているのを知ることが出来る。――ただ、釈迦は悟りの内容は声聞《しょうもん》僧や縁覚《えんがく》僧には理解し難《にく》いから、小乗を説こうと何度も仰っておられるのである。また、この大ゼミナールに集まった何十万という大衆には、悟りの難解な言葉を直接聞かせるより、比喩を交えた説示が効果的であると、お考えになったに違いない。

その二つは、この頃釈迦は既に別の所で『般若経』を講じておられる。何物にも侵されない清浄な『悟りの境地』は、何度も言うが到底「コトバ」では表現できないものであろう。それを敢えて『般若経』に示すような言葉で直接説明なさっている。（従って、本来不可能なことをなさっているのだから、『般若系の経文』は誠に難解なのである）――

だから、『法華経』は『般若経』と一体のものとして理解するのが正しいと私は思うのである。

『法華経』については、既に第二章において解説したので、この章では『般若経』についてのみ説明することにする。

なお、仏教の宗派には「自力本願」と「他力本願」の二系統があると云われている。座禅を組み無念無想の境地に至り大悟する「禅宗」や、我身を清浄の極みにとぎすまして、「即身成仏」の境地に至らんとする「密教」などは「自力本願」の代表であろうし、ひたすら「阿弥陀如来」の御来迎におすがりし、「妙法蓮華教」の功徳に専ら期待するのは「他力本願」であるということになるであろう。

私はかつては「自力本願」こそ仏教の神髄であり、本命であると信じていた時があるが、今はそのようには考えてはいない。――万人の能力に差のあるのは自然を支配する神の摂理である。――まさにそれだからこそ、釈迦は庶民の能力に応じてそれぞれに異なった説示をなさっているのである。そしてそのことが、仏教に諸宗派をもたらした原因の一部になっていると考えられる。

〔禅宗系の寺院、信徒数等〕

『臨済宗』

信徒数　一、一五六、八一〇
寺院数　五、七一六
本山
妙心寺派　妙心寺（京都市右京区花園）
天龍寺派　天龍寺（京都市右京区嵯峨）
相国寺派　相国寺（京都市上京区）
南禅寺派　南禅寺（京都市左京区）
大徳寺派　大徳寺（京都市上京区）
建長寺派　建長寺（鎌倉市）
建仁寺派　建仁寺（京都市東山区）
円覚寺派　円覚寺（鎌倉市）
東福寺派　東福寺（京都市東山区）
方広寺派　方広寺（静岡県引佐町）

永源寺派　永源寺（滋賀県永源寺高野町）
向嶽寺派　向嶽寺（山梨県塩山市）
佛通寺派　佛通寺（広島県三原市）
國泰寺派　國泰寺（富山県高岡市）

『**曹洞宗**』
信徒数　一、五四九、八八〇
寺院数　一四、六六四
本山　永平寺（福井県永平寺町）
総持寺（横浜市鶴見区）

『**黄檗宗**』
信徒数　三五〇、〇〇〇
寺院数　四五五
本山　万福寺（京都府宇治市）

『般若心経』『金剛般若経』の概略

『般若経』、正しくは『摩訶般若波羅密経』は、名実ともに大乗仏教の古くてしかも大部の経典群である。——その中に、『金剛般若経』『理趣経』『般若心経』なども含まれ、それ以外の諸経を含めて『大般若経』と呼ぶこともある。

「般若波羅密」とは梵語「ハンニャパーラミタ」の漢訳で、「直観的智慧の完成」のことである。この経はその最高の智慧の完成、つまり悟りの内容は実は『空』なのだと説いているのである。——「直観的智慧の完成」と言うのは、我々の普通考える『真理』、つまり論理の積み重ねによる科学的認識の集大成及びその中を流れる統一的原理のことを言うのではなくて、禅定によって心の清浄な状態に生まれる、論理や言語を超越した真実の直観的把握のことを言うのである。

従って、その真実は言葉では表せない。強いて言えば『ウー』とか『アー』

とかしか表現の方法がない。真言宗の『真言咒』とか『陀羅尼』とか言うのも、その一種と考えていい。――そして、直観的認識に於いて『全ては空なり』と悟ったとき、世界は無限の広がりをもち、思索・行動は融通無碍なものとなるのであろう。

『般若心経』は、その文字にはならない『悟り』の境地を、敢えて二七六文字で表現した『真理』のエッセンスであるとされている。

――その概要を述べると、次のようである。――

『観自在菩薩』（『観音菩薩』つまり『釈尊』と同人格と考えていいだろう）が坐禅をして、般若の境地に入っておられたとき、この現実世界の一切の事象は、全て『空』だと洞察され、あらゆる苦悩から解放された。

そこで、菩薩はその心境を高弟、舎利子《シャーリープトラ》に語りかけられるのである。

即ち、――この世界において、物質や肉体として形のあるものは、実体がなく『空』にほかならない。それのみならず、我々の感覚や思索の作用も、我々の意志や判断の働きもまた、実体がなく『空』である。――つまり、存在するものは「物」であれ「心」であれ、全て実体がなく『空』なのであるから、生まれることもなく滅びることもない。また、汚れることもなく清らかになることもなく、減りもしなければ増すこともない。――要するに、この『空』の中には、物質も肉体も、人間の感受作用も認識・意志・行動作用も何もないのである。

――また、より具体的に言えば、眼・耳・鼻・舌・身・意の諸器官の司る感覚、即ち視覚・聴覚・嗅覚・味覚・触覚・心意等も皆『空』なのであるから、この世に形あるもの、音あるもの、香りあるもの、味あるもの、触感あるもの、思念の対象となるもの、全ては存在しないのである。また、これらの作用を総合した意識・認識の判断内容も存在しないのである。

――さらに、迷蒙のもととなる知慧がないだけでなく、その無知が尽きることもない。

老いも死もなく、またその老いと死が尽きることもない。――

〔ここで我々凡人はハタと行き当たるのである。我が意識界は無明であり無知である。老いも死もないと達観するところまでは、何とかその思考に従いて行けるのであるが、その無明も老も死も「空」であると達観すること自体もまた「空」であると説かれるのに到って当惑する。——否定の否定は肯定になるというのは、我々の習った論理学の三段論法である。しかし、前にも述べた通り私如き凡人には、菩薩の悟りは、論理を越えた境地なのだ。全てを否定し尽くした後に真実が生まれるのだと考えるしかないのである」

要するに、菩薩はその教義の根本である「苦・集・滅・道」克服の真理もないし、克服すべき実戦法もない。得るべき何ものもないと大悟徹底されたのである。

以上のように、『智慧の完成』の極致に達した菩薩は、心を覆うものが何もないので何事にも恐れることなく、一切の転倒した思惑から解放されて、涅槃の境地に安んじておられるのである。

過去・現在・未来の仏陀たちも、このような『智慧の完成』によって正しい悟りを達成される。従って、この『智慧の完成』こそ、偉大な『真言』であり、大神咒であり、大明咒である。だから、以下の呪文を称えなさい、と菩薩は仰るのである。

――『ぎゃーてい。ぎゃーてい。はーらーぎゃーてい。はらそうぎゃーてい。ぼーじー。そわーかー。』――。

この『般若心経』は全文を掲載する。

『金剛般若波羅密経』

略して『金剛般若経』又は単に『金剛経』ともいう。

世尊《せそん》が舎衛国の祇樹給孤独園（祇園精舎）に滞在されていたとき、衆僧一、二五〇人を前にしての説示である。――主として長老、須菩提《スブーティ》との対話が中心となっている。――

ここでも『般若心経』と同じように、「空」という言葉こそ使われていないが「現実の事象は実体のないものであり、そう理解することすら実体のないことであると達観することが、真実の悟りである」ことが多くの例を挙げて繰返し繰返し述べられる。

例えば、優れた求道者は「自我」の思いも「個性」の思いも「生存」の思いすら起こさない。さらにこれらの人には全ての事象の実体性の認識も起こらず、実体性がないという認識も起こらないのである。——何故かというと、優れた求道者が「実体への思い」を起こすならば、彼には「自我」に対する執着があるからだろうし「固体」「生物」に対する執着からも離れられないからだろう。またもし「実体のないものという思い」が起こるならば、これまた彼には「自我」への執着があるからだろうし「個性」からの執着から離れられないからであろう。

——要するにこの経は、物象の真相は固定的に或いは常識的・概念的に見るべきではなく、全ての事象に流動的に、何事にも執われない心を育てることが肝要であると勧めている、と言えるであろう。

この経は細分すると三十二の小節に分けることができる。殆どが世尊と須菩提とのパラドキシカルな問答に満ちているが、同趣旨が重複して説示される箇所もある。第十六分節を境として前半と後半に分けることもある。

その第十分節に有名な「応無所住而生其心」(住するところなくその心を生ずべし)の句があるが、「執着心を起こすな」との意であろう。

この読本にはこの第十分節と、世尊の偈のある第二十六分節、最終第三十二分節を載せることとした。

以上見てきたように釈迦が民衆の理解力の差に応じて説示の手法に変化を持たせられたことは、仏教以外の宗教には見られない、極めてすぐれた特色となっているのであるが、その教示の内容が時代と共に深まって行ったように私には思えるのも、深い興味と親しみを感じさせるものがある。そして、この釈迦が相手を見て法を説かれたことが、仏教に諸宗派を発生・発展せしめることに、大きく影響したと考えられるが、これらの宗派間には、砂漠に起こった部族神に起源を持つ「一神教」同士のように、オアシスを死守するような激しい排他性は発生しなかった。――南都・奈良と北嶺・京都の執拗な法論の争いはあったが、それはあくまで宗派間の学問上の論争であった。又、宗派によっては、天台比叡・真宗大坂・真言根来など、武器を持ったことはあったが、それは武家勢力に対抗する自衛の行動であったと言えるであろう。各地に起こった一向一揆も、元来は飢餓に対する闘争であった。

『般若心経』

『般《はん》若《にゃ》波《は》羅《ら》蜜《みっ》多《た》心《しん》経《ぎょう》』

唐《とう》三《さん》蔵《ぞう》法《ほう》師《し》玄《げん》奘《じょう》訳《やく》

観《かん》自《じ》在《ざい》菩《ぼ》薩《さつ》。行《ぎょう》深《じん》般《はん》若《にゃ》波《は》羅《ら》蜜《みっ》多《た》

時《じ》。照《しょう》見《けん》五《ご》蘊《うん》皆《かい》空《くう》。度《ど》一《いっ》切《さい》苦《く》厄《やく》。

舎《しゃ》利《り》子《し》。色《しき》不《ふ》異《い》空《くう》。空《くう》不《ふ》異《い》色《しき》。

『般若波羅蜜多心経』
（智慧の完成に至る心髄の経）
　唐の三蔵法師玄奘訳す

観自在菩薩（根源的な叡智を体得した求道者——釈尊の化身と考えていい）が、深い智慧の完成を実践しておられたときに、五つの現象群（つまり、物質的現象の「色」と精神作用の「受」「想」「行」「識」のこの世を構成する五つの要素）は全て、ほんらい実体がなく空なるものだと見抜かれ、一切の苦悩と災厄から解放されたもうた。

舎利子よ。この世においては、物質的現象には実体がなく空にほかならず、実体がないからこそ物質的現象なのである。つまり、形色《しき》即《そく》是《ぜ》空《くう》。空《くう》即《そく》是《ぜ》色《しき》。受《じゅ》想《そう》行《ぎょう》識《しき》。
亦《やく》復《ぶ》如《にょ》是《ぜ》。
舎《しゃ》利《り》子《し》。是《ぜ》諸《しょ》法《ほう》空《くう》相《そう》。不《ふ》生《しょう》不《ふ》滅《めつ》。
不《ふ》垢《く》不《ふ》浄《じょう》。不《ふ》増《ぞう》不《ふ》減《げん》。
是《ぜ》故《こ》空《くう》中《ちゅう》。無《む》色《しき》無《む》受《じゅ》想《そう》行《ぎょう》識《しき》。
無《む》眼《げん》耳《に》鼻《び》舌《ぜつ》身《しん》意《い》。無《む》色《しき》声《しょう》香《こう》味《み》触《そく》

あるものそのものが、空なのであり、空であることこそ、形あるものの本性なのである。
——我々の精神作用の「感覚」「想念」「意志」「知識」などの心のはたらきも同様に、実体なく空なのである。

舎利子よ。このように、この世に存在する全てのものの特性が実体なく空なのであるから、全てのものは生じることも滅びることもなく、汚れることもなく浄らかになることもない。また、増すこともなく、減ることもないのである。

それだから、この世に実体がなく全て空なのであるという立場においては、物質的現象である「色」即ち物質も肉体も、精神的現象である「受」即ち感覚、「想」即ち想念、「行」即ち意志、「識」即ち知識等、全てこの世を法《ほう》。無《む》眼《げん》界《かい》乃《ない》至《し》無《む》意《い》識《しき》界《かい》。
無《む》無《む》明《みょう》。亦《やく》無《む》無《む》明《みょう》尽《じん》。乃《ない》至《し》無《む》老《ろう》死《し》。亦《やく》無《む》老《ろう》死《し》尽《じん》。
無《む》苦《く》集《しゅう》滅《めつ》道《どう》。無《む》智《ち》亦《やく》無《む》得《とく》。以《い》無《む》所《しょ》得《とく》故《こ》。
菩《ぼ》提《だい》薩《さっ》埵《た》。依《え》般《はん》若《にゃ》波《は》羅《ら》蜜《みっ》多《た》故《こ》。

構成する五つの要素は成立しないのである。

従って、眼・耳・鼻・舌・身・意という感覚器官も無ければ、視覚・聴覚・嗅覚・味覚・触覚・心意の対象である色相あるもの、声あるもの、香りあるもの、味あるもの、触感あるもの、想念されるもの、も存在しない。つまり、視覚の領域から意識の領域に至るまで、何も存在しないのである。

迷いのもととなる無知もなく、その無知が尽きることもない。また、老いも死もなく、老いと死が尽きることもない。

「苦諦」（この世は四苦八苦に満ちているという真理）「集諦」（その苦は迷いの業が集まって原因となっているという真理）「滅諦」（その迷いを制した平和の境地を理想とする真理）「道諦」（その理想に達するために八つ

心《しん》無《む》罣《けい》礙《げ》。無《む》罣《けい》礙《げ》故《こ》。無《む》有《う》恐《く》怖《ふ》。
遠《おん》離《り》一《いっ》切《さい》顛《てん》倒《どう》夢《む》想《そう》。究《く》竟《きょう》涅《ね》槃《はん》。
三《さん》世《ぜ》諸《しょ》仏《ぶつ》。依《え》般《はん》若《にゃ》波《は》羅《ら》蜜《みっ》多《た》故《こ》。
得《とく》阿《あ》耨《のく》多《た》羅《ら》三《さん》藐《みゃく》三《さん》菩《ぼ》提《だい》。
故《こ》知《ち》般《はん》若《にゃ》波《は》羅《ら》蜜《みっ》多《た》。是《ぜ》大《だい》神《じん》呪《しゅ》。
是《ぜ》大《だい》明《みょう》呪《しゅ》。是《ぜ》無《む》上《じょう》呪《しゅ》。是《ぜ》無《む》等《とう》等《どう》
呪《しゅ》。能《のう》除《じょ》一《いっ》切《さい》苦《く》。真《しん》実《じつ》不《ふ》虚《こ》故《こ》。

の正道を実戦すべしとの真理）の四諦の真理も無い。さらに、悟りへの智慧の働きも無く、知られた理法というものも無い。何ら得るところのものがないからである。

求道者たる菩薩は、智慧の完成への実践により、心を覆うものが無く、心を覆うものが無いから何ごとにも恐れることが無い。また一切の顛倒した心を遠く離れて、永遠の平和の境地に入っているのである。

過去・現在・未来の諸仏たちも、この智慧の完成への実践によって、「完全な悟り」の境地を得ておられる。

それだから、人々はよく知っておくべきである。智慧の完成への実践は、偉大なる真言説般若波羅蜜多呪《せつはんにゃはらみったしゅ》。即説呪曰《そくせつしゅわつ》。
羯諦《ぎゃてい》。羯諦《ぎゃてい》。波羅羯諦《はらぎゃてい》。
波羅僧羯諦《はらそうぎゃてい》。菩提薩婆訶《ぼじそわか》。
般若波羅蜜多心経《はんにゃはらみったしんぎょう》

であり、光輝ある真言であり、最高の真言であり、比類なき真言であって、よく全ての苦悩を鎮めることができると。このことは真実であって、いささかの虚妄もないのである。

その智慧の完成における真言は、即ち次のように説示された。

「ぎゃーてい。ぎゃーてい。はーらーぎゃーてい。はらそうぎゃーてい。ぼーじーそわーかー」

ここに、智慧の完成の精髄の経を終わる。

『金剛般若経』（金剛般若波羅蜜経）

——姚秦《ようしん》（後秦）の天竺三蔵法師鳩摩羅什《くまらじゅう》訳す——

「第十分節」

須菩提《しゅぼだい》。於《お》意《い》云《うん》何《が》。菩薩《ぼさつ》荘厳《しょうごん》仏《ぶつ》土《ど》不《ふ》。不也《ほっちゃ》世尊《せそん》。何《が》以《い》故《こ》。荘厳《しょうごん》仏土《ぶつど》者《しゃ》即《そく》非《ひ》荘厳《しょうごん》。是《ぜ》名《みょう》荘厳《しょうごん》。

「第十分節」

「須菩提よ。どのように考えるか。——求道者たる菩薩は仏土を荘厳（厳かに建設し装飾すること）するであろうか、そうはしないであろうか」「世尊よ。荘厳しないと思います。何故かというと、仏土を荘厳することは即ち荘厳することではない、と如来は説かれたのであり、だからこそ仏土の荘厳と言えるのです」

是《ぜ》故《こ》須《しゅ》菩《ぼ》提《だい》。諸《しょ》菩《ぼ》薩《さつ》摩《ま》訶《か》薩《さつ》。応《おう》如《にょ》是《ぜ》生《しょう》清《しょう》浄《じょう》心《しん》。不《ふ》応《おう》住《じゅう》色《しき》生《しょう》心《しん》。不《ふ》応《おう》住《じゅう》声《しょう》香《こう》味《み》触《そく》法《ほう》生《しょう》心《しん》。『応《おう》無《む》所《しょ》住《じゅう》而《に》生《しょう》其《ご》心《しん》』

「第二十六分節」

須《しゅ》菩《ぼ》提《だい》。於《お》意《い》云《うん》何《が》。可《か》以《い》三《さん》十《じゅう》二《に》相《そう》観《かん》如《にょ》来《らい》不《ふ》。須《しゅ》菩《ぼ》提《だい》言《ごん》。如《にょ》是《ぜ》如《にょ》

「この故に、須菩提よ。求道の諸菩薩たちは、まさにこのように清浄な心を起こさねばならない。形ある物にとらわれた心を生じてはならない。声や香りや味や触感や心の対象に執着した心を生じてはならない。――まさに何物にもとらわれない心を起こさなければならない。――のです」

「第二十六分節」

「須菩提よ。どのように考えるか。――如来は三十二の優れた特徴を具えておられると観るべきか否か」須菩提は答える。「そうです。その通りです。三十二の優れた特徴を具えて

是《ぜ》。以《い》三十二相《さんじゅうにそう》観如来《かんにょらい》。仏告須《ぶつごうしゅ》
菩提《ぼだい》。若以三十二相観如来者《にゃくいさんじゅうにそうかんにょらいしゃ》。
転輪聖王《てんりんしょうおう》。即是如来《そくぜにょらい》。須菩提白《しゅぼだいびゃく》
仏言《ぶつごん》。世尊《せそん》。如我解仏所説義《にょがげぶっしょせつぎ》。
不応以三十二相観如来《ふおういさんじゅうにそうかんにょらい》。
爾時世尊《にじせそん》。而説偈言《にせつげごん》。
若以色見我《にゃくいしきけんが》　以音声求我《いおんじょうぐが》
是人行邪道《ぜにんぎょうじゃどう》　不能見如来《ふのうけんにょらい》

おいでだと観るべきです」。そこで仏陀は須菩提にお告げになる。「もし、三十二の優れた特徴を以て如来を観るならば、その特徴をもつ転輪王もまた如来であるということになるだろう」。

須菩提は仏陀に申しあげる。「世尊よ。あなたの説きたもう教義を私が理解する限りでは、如来は三十二の特徴をもって観られるべきではありません」。

そこで世尊は、次の詩頌を説かれた。――

もし形を以て私を見たり　音声を以て私を求めるならば、この人は間違った道を歩むもので　よく私の真の姿を見ることはできないであろう。

(注)「転輪（聖）王」とは、全インドを征服統一すると

「第三十二分節」

須《しゅ》菩《ぼ》提《だい》。若《にゃく》有《う》人《にん》以《い》満《まん》無《む》量《りょう》阿《あ》僧《そう》祇《ぎ》世《せ》界《かい》七《しっ》宝《ぽう》。持《じ》用《よう》布《ふ》施《せ》。若《にゃく》有《う》善《ぜん》男《なん》子《し》善《ぜん》女《にょ》人《にん》。発《ほつ》菩《ぼ》提《だい》心《しん》者《しゃ》。持《じ》於《お》此《し》経《きょう》。乃《ない》至《し》四《し》句《く》偈《げ》等《とう》。受《じゅ》持《じ》読《どく》誦《じゅ》。為《い》人《にん》演《えん》説《ぜつ》。其《ご》福《ふく》勝《しょう》彼《ひ》。云《うん》何《が》為《い》人《にん》演《えん》説《ぜつ》。不《ふ》取《しゅ》於《お》相《そう》。如《にょ》如《にょ》不《ふ》動《どう》。何《が》以《い》故《こ》。

待望された古代の伝説的帝王。釈迦と同じく三十二の身体的特徴を具えているといわれた。

「第三十二分節」

「須菩提よ。もし、ある人が数えきれないほどの世界を七つの宝で満たして布施したとしよう。また他方では善男善女で、菩提心を起こしてこの経を受持し、或いはその四言詩を読誦したり、人々のために説いて聞かせる者がいたとしよう。両者を比べるなら、発心し経を受持しそれを弘布する方が、七宝を布施するより優れた功徳を積んだことになるのである。

さて、それではこのことを、どのように説

一切有為法《いっさいういほう》　如夢幻泡影《にょむげんほうよう》
如露亦如電《にょろやくにょでん》　応作如是観《おうさにょぜかん》
仏説是経已《ぶっせつぜきょうい》。長老須菩提《ちょうろうしゅぼだい》。及諸《ぎゅうしょ》
比丘比丘尼《びくびくに》。優婆塞優婆夷《うばそくうばい》。一切世間《いっさいせけん》。天人阿修羅等《てんにんあしゅらとう》。聞仏所説《もんぶつしょせつ》。皆大歓喜《かいだいかんぎ》。信受奉行《しんじゅぶぎょう》。
『金剛般若波羅蜜経《こんごうはんにゃはらみつきょう》』

いて聞かせればよいのであろうか。――それは、功徳は形に執らわれた立場からは生じないこと、法のままに従って心に動揺を持ち込まないことが大切であることを説くべきである。それは何故かと言えば、詩頌は次のように説示しているからである。

『一切のこの世の現象界は　夢・幻・泡・影の如く露また電光の如し。まさにかくの如き観を作している』と。」

仏はこのように説き終えられた。――長老須菩提はじめ、諸々の比丘、比丘尼、在家の信士信女たち、また世界のあらゆる天人、阿修羅達が、仏の説きたもう所を聴いて、みな大いに歓喜し、『金剛般若波羅蜜経』の教えを信奉することを誓ったのである。

おわりに

この『読本』を書き始めたときは、漠然と信徒数の多い宗派から始めたのでしたが、書き進めていくうちに、日本の庶民仏教の淵源は比叡山や高野山にあると思えてきて、『天台宗』や『真言宗』から先に書き始めるべきであったか、と大分悩みました。——しかし、そのように書き直すことは即ち、日本の仏教を歴史的に見ることにも繋がり、当然奈良仏教や更には飛鳥時代あるいはそれ以前にも遡らざるを得なくなります。そのようなことはこの『読本』の目的でもなく、また私の能力に適応したことでもありませんので、そのまま浄土宗系の阿弥陀信仰から書き進めることにいたしました。

以上四つの章に挙げた宗派以外にも、奈良朝に栄えて後世にも少なからぬ影響を与えた『華厳宗』や『法相宗』があり、仏教に必須と思われる戒律を中心に説いた『律宗』などもありますが（「南都六宗」と呼ばれる）、日常の法要などで殆ど接触する機会はないと思いますので、ここでは割愛させて頂きました。

一般的・基礎的な知識については、岩波の『仏教辞典』や平凡社の『世界大百科事典』等を参考にいたしましたが、特に渡辺照宏氏のご著書に負うところが大でありました。それだけでなく、各宗派についての記述についても、同氏の『日本の仏教』〔『宗教年鑑』に拠る〕を参考にさせて頂きました。――本山や名刹についてはは各種の辞典や、色々の書物を参考にしましたが、宗派によっては、例えば臨済宗のように、大寺院がそれぞれ一派をなしておられるようなところもあって、全ての宗派の名前を記述しなかった例もあります。また、本山ではなく「大本山」「総本山」の称号をおつかいになっているところも名刹に到っては、私自身のよく知っているところのみを挙げた嫌いがありました、本山や名刹については決してその宗派内、また各宗派間にバランスのとれたものとはなっておりません。

肝心の『お経』の解釈については、岩波文庫の『浄土三部経』上・下、『法華経』上・中・下、『般若心経、金剛般若経』、岩波新書の『仏教』『日本の仏教』『お経の話』、中公新書『日本の仏典』、大法輪閣の「わが家の宗教」シリーズ、大法輪選集、等々を参考にさせて頂きました。一々著者の方々のお名前を挙げませんが、ここに改めて厚く御礼を申し上げます。

また、普段から時折り手にすることのある「岩波日本古典文学大系」中の空海の『三教指帰』、親鸞の『歎異抄』、道元の『正法眼蔵』、並びに懐弉《じょう》の岩波文庫『正法眼蔵随聞記』などからは間接的な影響を多分に受けていることでしょう。これらの著者・校注者の方々にも、この機会に厚くお礼を申し上げておきたいと存じます。

経文や本文については、私の予てからの主張「漢字制限反対・簡素化賛成」（漢字は沢山ある方がいい。書けなくても読めればいい。しかし漢字は簡素化すべし）の趣旨に従って、適宜、略字を使用させて頂きました。

また、経文の読み方についても呉音と漢音があり、本書では一般的な呉音読みを採用しましたが、宗派によっては漢音で読まれることもあるようで、導師の唱和と合致しない場合があるかも知れません。その点をお含みおき下さい。

度々申しあげますが、私は仏教に関して全くの門外漢で、このような企てをすることは言わば「だいそれたこと」だと存じます。しかし、私自身が多年に亙りこのようなハンディーなミニ解説書を欲しいと思っていたことは事実でありますし、多くの人もこのような素人判りのする読本を欲しがっているのではないかと思います。

日本の大衆は、仏教と極めて身近なところで日常の生活をしながら、私以上に仏教のことに就いて無知であるように見受けます。——大きな口をきくようですが、仏教はこれから世界史に登場する運命を担っていると思いますし、そうなって欲しいと念願しています。「一神教」同士では世界の平和は招来できないように私には思えてならないのです。『空海』のような大偉人・大国際人が再現して、世界人類の行き詰まりを打開して頂きたいと切望するものであります。

また、この本が機縁となって、より正確なしかも大衆により理解し易い解説書が刊行されるよう願ってやみません。

九仏庵方丈　識

仏教用語解説

末法思想

釈迦入滅後を「正法時《しょうぼう》」「像法時《ぞうぼう》」「末法時《まっぽう》」という三つの時期に分けた仏教の歴史観（「三時説」）から派生した思想。

正法、像法という考え方は6世紀ごろインドで生まれたが、仏教が中国に伝わってから「末法」が加わった。

「正法」とは、教（仏の教え）、行（教えを実践する修行者）、証（修行の証果としての悟り）が整っている時期、「像法」とは、教と行はあっても、証がなくなってしまう時期、「末法」とは、教だけは残っても、行も証もなくなってしまう時期。

「末法時」に入るとやがて仏教が滅亡すると考えられた。そのような考え方を「末法思想」という。

中国では、釈迦入滅を周の時代の紀元前949年（道教との争いから、釈迦の生存時期を老子より古く設定した）と考え、「正法五百年、像法千年、末法一万年」の説により、北斉の文宣帝の天保3年（西暦1832年）に末法時に入ったと考えられた。

しかし日本では、552年は仏教が日本に初めて伝わったとされる年であり、都合が悪いので、「正法千年、像法千年、末法一万年」の説を採用して、平安末期の一〇五二年に末法に入るとする考えが広く流布した。平安末期から鎌倉にかけて、政治の乱れや戦乱、天災や飢饉が続発して、人々に末法が到来したことを意識させた。世の中の乱れや混乱に対する不安や恐れが末法思想と結びつき、来世に救いを求める浄土教が広がる要因となった。

十六弟子（31頁の註）
十六羅漢ともいわれる。
舎利弗（シャーリープトラ、経によっては舎利子とも訳す。仏の十大弟子の一人。知恵第一といわれる）、摩訶目犍連（目連ともいう。十大弟子の一人。神通第一と称される）、摩訶迦葉（大迦葉ともいう。十大弟子の一人。頭陀第一といわれる）、摩訶迦旃延（十大弟子の一人。論議第一といわれる）、摩訶倶晞羅（十大弟子の一人。問答第一といわれる）、離婆多（舎利弗の末弟）、周利槃陀伽（生来愚鈍であったが、仏陀に励まされて阿羅漢果に達した）、難陀（仏陀の異母弟。仏の出家の後皇太子となったが、仏陀に勧められて出家。容姿端麗だが愛欲心強く、自ら苦しんだ。仏陀は諸根調伏第一と賞でた）、阿難陀（阿難といい十大弟子の一人。多聞第一といわれる。仏陀の従弟であり、侍者としてよく仕えた）、羅喉羅（仏陀の実子。十大弟子の一人。蜜行第一といわれる）、憍梵波提（牛主、牛相などといい、舎利弗を師とし、解律第一と言われる。仏陀の入滅を聞いて焼身入寂した)、賓頭盧頗羅堕(獅子吼第一と言われたが、屡々神通力を弄んで仏陀の呵責を受けた。我国ではこの像を撫でて悪病を除く俗信がある)、迦留陀夷(カビラエ城の大臣の子。容貌悪し。仏陀成道の時、使者となって仏を故郷に迎え仏弟子となる)、摩訶劫賓那(十大弟子の一人。天文暦数に長じ、知星宿第一と称される。辺国の王子で後に即位した。仏陀が祇園精舎におられることを知り、東行の途中仏陀に会い出家した)、薄拘羅(資産家の家に生まれたが、出家して少欲知足の生活をし無病長寿を保った。長寿第一と言われる)、阿免楼駄(仏陀の従弟。十大弟子の一人。天眼第一といわれる。嘗って仏陀の説教中居眠りをして叱られ、仏陀の面前で眠らないことを誓い、遂に失明した。が、是によって天眼(知慧の眼)を得た)。

十大弟子《じゅうだいでし》

釈迦の十人の主要な弟子。十弟子。経典によって誰が十大弟子に入るかは異なる。維摩経では次の十人。智慧第一の舎利弗《しゃりほつ》、神通第一の目犍連《もくけんれん》、頭陀《ずだ》第一の摩訶迦葉《まかかしょう》、解空第一の須菩提《しゅぼだい》、天眼第一の阿那律《あなりつ》、説法第一の富楼那《ふるな》、論義第一の迦旃延《かせんねん》、持律第一の優婆離《うばり》、密行第一の*羅喉羅《らごら》、多聞第一の阿難《あなん》。(*「ご」は目偏に候)
(阿弥陀経の十大弟子については、右の十六弟子の項参照)。

上座部仏教《じょうざぶぶっきょう》

仏教の大きな流れのひとつ。釈迦入滅後百年の頃、それまで一つであった教団が、保守的で形式的な「上座部」と革新的な「大衆部」の部派（部派仏教）に「根本分裂」したが、その中の上座部が発展した仏教の流れ。もう一つの流れは「大乗仏教」。この世の煩悩を断つ最も効果的な方法は、出家をし、僧侶として修行することであるという論から出家主義をとり、出家をして修行し悟りを開いたものが救われるとする。アショーカ王の時代に南方のスリランカに伝わり、さらにスリランカからビルマ・タイなど東南アジア方面に伝播したため、「南伝仏教」とも呼ばれる。大乗仏教に対して、出家者個人の解脱を目標とするため、大乗仏教からは、「小乗（一人乗りの小さな乗物）」という意味で、「小乗仏教」と蔑称された。

龍樹《りゅーじゅ》

ナーガルージュナ、漢訳名は龍樹。西暦150～250年頃（生没年不詳）のインドの僧。大乗仏教の基盤となる理論を大成し体系づけた。中論・十二門論・百論を著す。仏教の原初からある「空」の哲学を理論化し、般若経の「空」により深化させた。龍樹の思想は、「中観派」としてその後の仏教に多大な影響を及ぼした。龍樹以後の大乗仏教のほとんどは彼の影響を受けており、龍樹は八宗の祖とたたえられる。密教の祖と伝えられる「龍猛」も同一人物といわれている。

唯識《ゆいしき》派

グプタ朝（320～550年）のインドに生まれた仏教思想。その開祖は無著（310～390年頃）、世親の兄弟。弥勒菩薩の説法を無著が聴き伝えるという神秘的な方法により説かれる。

全ての事象は心（識）が認識したものであり、「識」以外は「空」である。そして、その「識」さへも妄分別であるとする思想。

中観派の「一切は空である」という主張に対して、「一切は空」と認識する心（識）だけは存在しなくてはならないと考えた。

玄奘は唯識仏教を求めてインドに旅した。玄奘の流れは法相宗として日本に伝わった。

如来蔵思想《にょらいぞうしそう》

如来蔵とは、如来（仏）を心の中に宿すという意味。すべての衆生は如来になる可能性を蔵《やど》している。それはほこり（煩悩）で被われているが、本来は清浄な仏の悟りを備えているという思想である。2、3世紀頃にインドで成立した大乗仏教の思想の一つであり、『阿弥陀経』『般若経』『法華経』などの初期大乗仏教に対して、中期大乗仏教と分類される。『涅槃経』では「一切衆生悉有仏性」と、仏性ということばで如来蔵を表現している。

このような思想は、後の「密教」の成立に大いに寄与した。また中国や日本の仏教に深い影響を与えた。日本では如来蔵思想が「本覚思想《ほんがくしそう》」として仏教の本質を現すものと考えられた。

涅槃《ねはん》

サンスクリット語（梵語）のニルヴァーナの音訳。「吹き消す」という意味。煩悩の火を吹き消した状態をいう。「滅」あるいは、寂滅、寂静と訳された。迷いや悩みを離れた悟りの境地。解脱。また、仏《ほとけ》、特に釈迦の死をいう。

般若《はんにゃ》

パーリ語のパンニャーの音訳。他に斑若、鉢若、般羅若、鉢羅枳孃と訳される。悟りの智慧。「空」と相応する「智慧」、「真理を得る智慧」として大乗仏教の特質を表す。また、能面の一つで、二本の角と裂けた口をもつ鬼女の面をいう。

卒塔婆《そとうば》

サンスクリット語「ストゥーパ」の音訳。卒都婆、そとば。塔婆。仏舎利塔。仏塔。五重塔などの「塔」は卒塔婆の略である。頭頂部の意。

仏陀の入滅後、その遺骨（仏舎利《ぶっしゃり》）を納めたドーム型の盛り土が人々の信仰の対象となり、やがて「仏舎利」を分骨してインド各地にストゥーパが建てられた。インドやスリランカ、西域では、土と石、レンガで作られた。中国では方形多層化し、日本では、木造の三重塔や五重塔という形になった。

世界中のストゥーパに分骨された仏舎利は、米粒ほどに小さくなっている（はずである）。そこで、米のことを「シャリ」というようになった（実際は宝玉が納められている）。

また、死者の供養のために墓石の後ろに立てる細長い板も「そとば」という。

三蔵

大部の経論を三種に分けたもので、併せて「一切経《いっさいきょう》」あるいは「大蔵経《だいぞうきょう》」と呼ぶ。

「経（経蔵）」（釈迦の説いたとされる教えをまとめたもの）、「律（律蔵）」（戒律・生活様相などをまとめたもの）、「論（論蔵）」（これらの注釈書）の三種。

三蔵法師を略して「三蔵」ともいう。玄奘三蔵。

三蔵法師

インドや西域から仏教教典をもたらし、漢訳した人々を尊称して三蔵法師と呼ぶ。

法顕や鳩摩羅什、義浄なども三蔵法師と呼ばれるが、最も有名な三蔵法師は玄奘三蔵である。

波羅蜜《はらみつ》

サンスクリット語のパラミッタの音訳。玄奘の新訳では波羅蜜多《はらみた》。迷いの此岸から悟りの彼岸に渡る行という意味。ふつう、仏になるために菩薩が行う修行で、これによって涅槃の境界に到達できるとされる基本的な実践徳目。「度」ともいう。般若経では般若波羅蜜（般若波羅蜜多）ほか、布施・持戒・忍辱《にんにく》・精進・禅定・智慧の六種を「六波羅蜜」（六度）といい、華厳経などではこれに四種を加え「十波羅蜜」とする。

禅定《ぜんじょう》
大乗仏教で菩薩が実践すべき修行徳目である六波羅蜜の一つ。心を統一して瞑想し、真理を観察して真理を悟ること。

三界《さんがい》
欲界・色界・無色界の三つの世界。衆生は生死を繰り返しながら三界を輪廻する。仏陀はこの輪廻から解脱している。欲界には、天、人、畜生、餓鬼、八大地獄がある。

如来《にょらい》
仏（仏陀）のこと。初期仏教においては釈迦のことを指し、種々の仏国土が存在する大乗仏教では、その信仰の対象としての諸仏の尊称となっている。釈迦如来、阿弥陀如来、薬師如来など。

菩薩《ぼさつ》
サンスクリット語のボディサットバ、「菩薩」は音訳、玄奘の新訳では「菩提薩埵《ぼだいさった》」。

「悟りを求める人」、「悟りを具えた人」。釈迦牟尼の前生における呼称。

大乗仏教では修行を経た後、未来に仏になる者の意で用いる。また、仏の後継者をいうこともある。

文殊菩薩、普賢菩薩、観音菩薩（観世音菩薩）、弥勒菩薩、地蔵菩薩など。

後には、実在の徳の高い僧を菩薩と呼ぶようにもなった。龍樹菩薩、行基菩薩など。

声聞《しょうもん》
釈迦の声を聞くものの意で、弟子とも訳す。初期経典では出家・在家ともに用いられるが、後に出家の修行僧だけを意味した。

仏の教説によって四諦《したい》の理（苦・集・滅・道）を悟り、阿羅漢になることを目指す修行者。

大乗仏教では、自己の解脱のみを得ることに専念したので、独自の方法で解脱を目指した「縁覚《えんがく》」（独覚）とともに小乗の徒とされる。

なお、法華経（授記品）で釈尊から未来の成仏の記別にあずかった四人の大弟子、摩訶《まか》迦葉《かしょう》、須菩提《しゅぼだい》、迦旃延《かせんねん》、目連《もくれん》を総称して「四大声聞」という。

阿羅漢《あらかん》

初期仏教で最高の悟りに達した聖者。もはや学ぶべきものがないので「無学」という。インドの宗教界では「尊敬されるべき修行者」を一般的にこう呼んだ。中国・日本では仏法を護持することを誓った十六人の弟子を「十六羅漢」と呼ぶ。また、第一回の仏典編集（第一回結集《けつじゅう》）に集まった五百人の弟子を「五百羅漢」と称し敬った。

禅宗では阿羅漢である摩訶迦葉に釈迦の正法が直伝されたことを重視して、釈迦の弟子たちの修行の姿を理想化し、五百羅漢図や羅漢像が作られ、正法護持の祈願の対象となった。略して「羅漢」。

明王《みょうおう》

密教において、大日如来が仏教に帰依しない民衆を力ずくで帰依させるため、自ら変化した仏であると伝えられる。

不動明王、降三世夜叉明王、軍荼利夜叉明王、大威徳夜叉明王、金剛夜叉明王、大元帥明王、愛染明王、孔雀明王、烏枢沙摩明王など。

権現《ごんげん》

権現は日本の神の神号の一つ。日本の神々は仏教の仏が形を変えて姿を現したものであるという本地垂迹《ほんじすいじゃく》説に基づいた神号。熊野三大社の神々を「熊野権現」、春日大社の祭神を「春日権現」、日光二荒山神社の祭神を「日光権現」、蔵王菩薩を「蔵王権現」など。

明神《みょうじん》

日本の神道の神の称号の一つ。卜部（吉田）神道による。「権現」が仏の仮の姿であるのに対して、「明神」は明らかな姿をもって現れているという。
また、延喜式に定められた社格「名神」が変化したとの説もある。神田明神、豊臣秀吉の豊国大明神など。

本地垂迹《ほんちすいじゃく》

神仏習合思想の一つ。日本の八百万の神々は、実は様々な仏（天部なども含む）が化身として日本の地に現れた仮の姿（権現）であるとする考えかた。

天部

古代インドのバラモン教の神々が仏教に取り入れられ、仏教の守護神となったもの。
「四天王」（東方守護の「持国天」、南方守護の「増長天」、西方守護の「広目天」、北方守護の「多聞天」＝「毘沙門天」）、「梵天」、「帝釈天《たいしゃくてん》」、「弁才天」（弁財天）、「大黒天」、「吉祥天」、「韋駄天《いだてん》」、「摩利支天」、「歓喜天」、「金剛力士」、「鬼子母神《きしぼじん》」（訶梨帝母）、「十二

神将」、「十二天」、「八部衆」、「二十八部衆」など。

修験道《しゅげんどう》

山へ籠もり、厳しい修行を行って、様々な「霊験」を得ることを目指す宗教。山を神として敬う日本古来の山岳信仰と、神道、仏教、道教が習合してできた。奈良時代の「役行者《えんのぎょうじゃ》」（役小角《えんのおづぬ》）が開祖とされ、平安時代ごろから盛んになった。護摩を焚き、呪文を唱え、祈祷を行うなど「密教」との結びつきが強く、仏教の一派とされる。明治政府は、神仏分離によって修験道を禁止した。現在は、京都市左京区の聖護院（天台宗系本山修験宗）、京都市伏見区の醍醐寺（真言宗醍醐派）等を拠点に信仰が行われている。修験道の行者を修験者、また「山伏《やまぶし》」ともいう。

大師《だいし》

偉大なる師という意味。仏に対する尊称、あるいは、高徳の僧への敬称として使われる。中国や日本で朝廷から高徳の僧に賜る号。多くは亡くなってから後に賜られた諡号《しごう》である。日本では貞観八年（８６６年）、最澄に伝教大師が賜られたことに始まる。天台宗の伝教大師最澄・慈覚大師円仁・慈慧大師良源・智証大師円珍・慈摂大師真盛・慈眼大師天海、真言宗の弘法大師空海・道興大師実慧・法光大師真雅・本覚大師益信・理源大師聖宝・興教大師覚鑁・月輪大師俊仍*、臨済宗の無相大師関山・微妙大師宗弼・

円明大師元選、曹洞宗の承陽大師道元・常済大師瑩山、浄土宗の円光大師源空（法然）、浄土真宗の見真大師親鸞・慧灯大師蓮如、融通念仏宗の聖応大師良忍、時宗の円照大師一遍、黄檗宗の真空大師隠元、日蓮宗の立正大師日蓮。（＊正しくは草冠に仍）
一般的に「大師」と呼ぶ時は、弘法大師空海を指している。

南都六宗
奈良時代の代表的な仏教の六つの宗派、法相《ほっそう》、倶舎《くしゃ》、成実《じょうじゅつ》、三論《さんろん》、律《りつ》、華厳《けごん》の六宗。奈良仏教、奈良六宗とも。
平安二宗（天台宗、真言宗）に対し、それ以前の奈良を中心とする仏教をこう呼んだ。後世の宗派と異なり、経論の研究学派として八世紀前半に成立した。倶舎、成実は法相と三論に吸収され、三論宗も後に衰退し、法相、華厳、律の三宗が現在に残る。天台宗と真言宗を加えて八宗、さらに禅宗と浄土宗を加えて十宗ともいう。

法相宗
中国十三宗の一宗。「唯識宗」。
四世紀前半にインドで生まれた中期大乗哲学である「唯識」を、玄奘三蔵がインドのナーランダ寺院で学び、漢訳して伝え開いた。弟子の窺基《きき》（慈恩大師）によって完成されたので「慈恩宗」ともいう。

日本では六五八年頃、玄奘から教えを受けた道昭が、飛鳥の元興寺で広めたといわれている。その後藤原氏の菩提寺である興福寺で多くの逸材を輩出し、五摂家の後ろ盾もあって、今日でも南都六宗の中で最も隆盛である。

主な寺院として（大本山）興福寺（奈良市登大路町）、（大本山）薬師寺（奈良市西の京町）がある。（大本山）法隆寺（奈良県斑鳩町）は一九五〇年に「聖徳宗」として独立。また一九六五年には、（大本山）清水寺（京都市東山区）が「北法相宗」として独立した。（経典）般若経、般若心経、金光明最勝経他。

華厳宗《けごんしゅう》

南都六宗のうち、法相宗・三論宗・倶舎宗などが「識」や「空」の理論を重視したのに対して、「華厳経」を拠り所とする宗派。日本では、七四〇年、後に東大寺初代別当となる良弁《ろうべん》の主宰で、新羅で華厳経を学んだ審祥によって『華厳経（大方広仏華厳経）』の研究が始められた。それ以来、東大寺を中心に発展した。

（大本山）東大寺（奈良市）、他の名刹、新薬師寺（奈良市高畑町）。

（経典）華厳経。（本尊）毘盧遮那仏。

華厳経

大乗教の一つ。「大方広仏華厳経」。

世界は毘盧遮那仏の顕現であるとし、歴史上の釈迦を超越した宇宙（「三千大千世界」）を説く。

一即一切。一切即一。一微塵の中に全世界を映じ、一瞬の中に永遠を含む。全てに仏性があると説く（一乗主義）。

律宗

律とは仏教教団の戒律で、「経蔵」とは別に「律蔵」として成立した。比丘《びく》（男子僧）には250戒、比丘尼《びくに》（女子僧）には348戒の具足戒がある。在家信者にも、殺生、偸盗、邪淫、妄語、飲酒の五戒が定めてある。

律宗は、中国において、経典とともに「律蔵」を研究する一派として始まった。日本では、唐より入朝し、出家受戒（僧侶として戒律を守ることを誓う儀式）を確立した「鑑真《がんじん》」によって伝えられた。（総本山）唐招提寺（奈良市五条町）。

五山《ござん》・十刹《じっせつ》

インドの五精舎・十塔所の制度を引用したもの。中国、南宋では禅宗寺院の規制と保護を目的として制度化された。

日本では北条家が鎌倉に五大官寺を開山したのを機に、禅宗（臨済宗）の寺格を表すものとなった。室町時代初期に採用され、入れ替わりはあったが一六一五年に徳川幕府が五山十刹に対して法度を出し、順位が固定された。
〔京都五山〕（五山の上）南禅寺、①天竜寺、②相国寺、③建仁寺 ④東福寺、⑤満寿寺
〔鎌倉五山〕①建長寺、②円覚寺、③寿福寺、④浄智寺、⑤浄妙寺
〔京都十刹〕等持院、臨川寺、真如寺、安国寺、宝幢寺、普門寺、広覚寺、妙光寺、大徳寺、竜翔寺
〔関東（鎌倉）十刹〕禅興寺、瑞泉寺、東勝寺、万寿寺、大慶寺、興聖寺、東漸寺、善福寺、法泉寺、長楽寺

観音経《かんのんぎょう》

「法華経」の「第二十五観世音菩薩普門品」であるが、本来は独立の経典であったものを中国で法華経に組み入れられたといわれる。衆生が七難に遭ったとき、観音菩薩の名を一心に唱えれば、その願いに応じて観音菩薩が救いに現れるという。

また観音菩薩（観世音菩薩）は、「三十三」の姿に変化し、時空を超えて救済し、十九の説法に現れるという。全ての願いが叶えられるとすることから現世利益的で、民衆の間でも最も人気の高い経典である。蜜教系の観音の出現以来、中国や日本で多くの観音霊場が成立した。

西国三十三箇所《さいごくさんじゅうさんかしょ》

和歌山、奈良、京都、大阪、兵庫、滋賀、岐阜の2府5県にまたがって存在する三十三か所の観音霊場。

718年、長谷寺を開いた徳道上人によって始められたと伝えられる。その後廃れたが、998年花山法皇によって復興された。

時代によって寺の変更はあるが、江戸時代に場所、順位が固定した。のち坂東三十三か所、秩父三十四か所が成立し、全てを併せて百箇所観音（百番観音）と呼ぶ。

坂東三十三箇所

神奈川県、埼玉県、東京都、群馬県、栃木県、茨城県、千葉県にわたって存在する三十三か所の観音霊場。

源頼朝によって発願され、源実朝が西国の霊場に習って制定したと伝えられている。

札所巡《ふだしょめぐ》りが盛んになるのは江戸時代である。

巡礼者は全ての札所を巡り結願《けちがん》すると、長野の善光寺および北向観音（長野県上田市）に「お礼参り」をすることが慣わしとされている。

秩父三十四箇所《ちちぶさんじゅうよんかしょ》

埼玉県秩父地方にある三十四か所の観音霊場。

ここを巡ることを、秩父札所巡りという。西国や坂東の三十三か所と数を合わせて、秩父三十三箇所と呼ばれることもある。西国や坂東の三十三か所と合わせて「日本百番観音」といい、結願寺は秩父三十四か所の三十四番札所「水潜寺」で、結願すると長野の善光寺に参詣するのが慣わしである。

四国八十八箇所《しこくはちじゅうはちかしょ》

四国にある弘法大師ゆかりの八十八か所の霊場。四国札所、四国霊場ともいう。八十八箇所の札所巡りをすることを「遍路《へんろ》」という。江戸時代ごろから盛んに巡礼が行われるようになった。巡礼の後、高野山に詣でて「結願成就」とする。これを模して小豆島や江戸など各所にも八十八箇所の札所が作られた。

中国四大霊場

普賢菩薩の「峨眉山《がびさん》」（四川省）、文殊菩薩の「五台山《ごだいさん》」（山西省）、観音菩薩の「普陀山《ふださん》」（浙江省）、地蔵菩薩の「九華山」（安徽省）。

西暦	インド	中国	日本
前500	釈迦誕生（前463） 釈迦誕生（前463）	春秋 孔子（前551～479） 老子（生没年不詳）	縄文時代
前400	釈迦入滅（前383）	戦国 孟子（前372～289） 荘子（前372～287）	
前300	アレクサンダー大王インド遠征（前327） マウリア朝		弥生時代
前200	第二結集（根本分裂）、部派仏教 アショーカ王インド統一 仏教がインド全土、ガンダーラ、スリランカに伝わる	秦 シルクロード開通	
前100		前漢	
紀元0	大乗仏教興る	漢 中国に仏教伝わる	

100　200　300　400　500　600　700

クシャーン朝　**グプタ朝**

- 初期大乗経典（阿弥陀経、般若経、法華経）成立
- ガンダーラで仏像彫刻始まる
- 龍樹（中観派）
- 如来蔵思想
- 法顕インドへ（３９９）
- グプタ朝の歴代の王、ヒンズー経を奉ず
- 唯識仏教（無著・世親）
- 中期中観派
- 末法思想
- 玄奘、唯識を求めてインドへ
- 密教成立（大日経、金剛頂経）

後　**三国**　**晋**　**五胡十六国**　**南北朝**　**隋**　**唐**

- 中国に大乗仏教伝わる
- 竺法護、聖域を旅し経典を持ち帰る
- 庫車の仏図澄洛陽に至る
- 敦煌で莫高窟造営始まる
- 鳩摩羅什、長安へ至る（４０１）
- 法顕、帰国（４１２）
- 法聡、慧光、四分律宗
- インド出身の真諦、金光明経摂大乗論、中辺分別論、大乗起信論等を翻訳
- 菩薩達磨、禅を伝える
- 天台大師（天台宗）
- 玄奘、経典訳

古墳時代　**飛鳥時代**

- 倭の那の国王
- 女王卑弥呼
- 倭王讃晋に朝貢
- 百済聖明王
- 仏像経典を献上（５５２）
- 飛鳥寺創建
- 遣隋使派遣
- 百済大寺建立
- 聖徳太子「三経義疏」
- 大化改新（６４５）
- 壬申の乱（６７２）

西暦	インド	中国	日本
800	チベットに仏教伝来	唐 善無畏「大日経」を訳す（716） 金剛智、密教を伝える（720）	奈良時代 国分寺造営の詔（741） 大仏造営の詔（743） 鑑真、入朝（753） 平安時代 最澄、比叡山（788） 最澄、空海入唐（804） 空海、高野山（816） 円仁、入唐（838） 円珍、入唐（853）
900		五代十国 後周の法難（953） 中国仏教は禅宗と浄土経に収斂	良源「極楽浄土九品往生義」 源信「往生要集」
1000		宋 木版印刷で「大蔵教」印刷 「四大霊場」への巡礼流行	末法思想流布 覚鑁、真言宗改革
1100		金 金判「大蔵経」印刷	法然、浄土宗開宗（1175） 栄西、二度目の入宋（1187） 親鸞、越後へ流刑（1202） 道元、入宋（1223） 日蓮、立教開宗（1253）
1200	インド仏教消滅（1203）	元 チベット仏教が盛んになる	鎌倉時代 蘭渓道隆、来日 第二回元寇・文永の役（1274） 一遍、時宗 螢山、總持寺開創（1321） 開山慧玄、妙心寺開山
1300			

1400　1500　1600　1700　1800　1900

明　清　中華民国

禅と浄土経が隆盛

室町時代　桃山　江戸時代　明治

五山制度（1386）
南北朝の統一
金閣寺建立（1397）
応仁の乱（1467〜1477）
蓮如、山科本願寺建立（1478）
加賀一向一揆蜂起（1488）
銀閣寺建立（1489）
信長、比叡山焼き討ち（1517）
石山合戦（石山本願寺との戦い）
関ヶ原の戦い（1600）
キリシタン弾圧、
島原の乱（1637）
隠元、来朝（1654）
日蓮宗不受不施派
の禁制（1669）
寺檀制度が整う
白隠（1685〜1768）
廃仏毀釈（1869）
修験道廃止令（1872）

【参考文献】

『仏教辞典』　岩波書店

『世界大百科事典』　平凡社

『日本の仏教』　宗教年鑑　渡辺照宏著

『浄土三部教上・下』　岩波文庫

『法華経　上・中・下』　岩波文庫

『妙法蓮華経並開結：真読』　平楽寺書店

『般若心教・金剛般若教』　岩波文庫

『仏教』　岩波新書

『日本の仏教』　岩波新書

『お経の話』　岩波新書

『日本の仏典』　中公新書

『わが家の宗教シリーズ』　大法輪閣

『大法輪選集』　大法輪閣

『三教指帰　空海』　岩波古典文学大系

『正法眼蔵　道元』　岩波古典文学大系

『歎異抄　親鸞』　岩波古典文学大系
『正法眼蔵随聞記　懐奘』　岩波文庫
『日本の末法思想』　弘文堂
『宗教年鑑・平成十五年度版』　ぎょうせい
『小学館国語辞典（新装版）』　小学館
『広辞苑（第三版）』　岩波書店

※本書は平成17年6月25日に小社より出版した、九仏庵方丈著・監修『必携　お経読本―改訂版―』に加筆修正を加えたものです。
※掲載した各年号の中で諸説あるものに関しては、代表的なものを記しました。

■ 著・監修者紹介
九仏庵方丈（くぶつあん・ほうじょう）
本名、山口方夫（やまぐち・よしお）。一九一七年生、二〇一一年没。鳥取二中、旧制第三高等学校、京大法学部卒。在学中、高文行政科合格、直ちに大蔵省入省。大蔵省、総理府等に勤務し、次いでＪＴ（日本専売公社）の役職員を拝命。退官後、数社の代表取締役を務める。本書の他に、『随想録Ⅰ・Ⅱ・Ⅲ』、『回想記　上・中・下』、『土の鈴』等の著述あり。

すべての宗派のお経が読める
必携お経読本

平成29年11月9日 第1刷

著・監修　九仏庵方丈
発行人　山田有司
発行所　株式会社　彩図社
東京都豊島区南大塚3-24-4
MTビル　〒170-0005
TEL:03-5985-8213　FAX:03-5985-8224
http://www.saiz.co.jp
https://twitter.com/saiz_sha

印刷所　新灯印刷株式会社

　ISBN978-4-8013-0253-2 C0115